200 ERLEBNISSE FÜR DEN RUHESTAND

Nie wieder Langeweile – Spaß, Freude und Abenteuer bis ins hohe Alter

DENISE NI

Remote Verlag
www.remote-verlag.de

Bibliografische Information der Deutschen Nationalbibliothek

Die Deutsche Nationalbibliothek verzeichnet diese Publikation in der Deutschen Nationalbibliografie; detaillierte bibliografische Daten sind im Internet über http://dnb.dnb.de abrufbar.

Für Fragen und Anregungen:
info@remote-verlag.de

ISBN Print: 978-1-955655-06-4
ISBN E-Book: 978-1-955655-07-1

Originalausgabe
Erste Auflage 2021

Projektleitung: Nico Hullmann
Manuskriptbearbeitung: Lara Voelter, Annika Hülshoff
Umschlaggestaltung: Denise Gahn
Abbildungen im Innenteil: Denise Ni
Satz und Layout: Melvyn Paulino

Haftungsausschluss:

Die Verwendung der Informationen in diesem Buch und die Umsetzung derselben erfolgt ausdrücklich auf eigenes Risiko. Verlag und Autor können für etwaige Unfälle und Schäden jeder Art, die sich bei der Verwendung der Informationen ergeben (z. B. aufgrund fehlender Sicherheitshinweise), aus keinerlei Rechtsgrund die Haftung übernehmen. Haftungsansprüche gegen Verlag und Autor für Schäden jeglicher Art, die durch die Nutzung oder Nichtnutzung der Informationen bzw. durch die Nutzung fehlerhafter und/oder unvollständiger Informationen verursacht wurden, sind ausgeschlossen. Folglich sind auch Rechts- und Schadenersatzansprüche ausgeschlossen. Der Inhalt dieses Werkes wurde mit größter Sorgfalt erstellt und überprüft. Verlag und Autor übernehmen keine Haftung für die Aktualität, Richtigkeit und Vollständigkeit der Inhalte des Buches, ebenso nicht für Druckfehler. Es kann keine juristische Verantwortung sowie Haftung in irgendeiner Form für fehlerhafte Angaben und daraus entstandenen Folgen vom Verlag bzw. Autor übernommen werden.

Für die Inhalte von den in diesem Buch abgedruckten Internetseiten sind ausschließlich die Betreiber der jeweiligen Internetseiten verantwortlich. Verlag und Autor haben keinen Einfluss auf Gestaltung und Inhalte fremder Internetseiten. Verlag und Autor distanzieren sich daher von allen fremden Inhalten. Zum Zeitpunkt der Verwendung waren keinerlei illegalen Inhalte auf den Webseiten vorhanden.

BUCKET
LIST FÜR
PAARE
400 ERLEBNISSE
DER
spirituelle
CEO
Wie du aus deiner inneren
Essenz und energetischem
Marketing ein 6-stelliges
Business aufbaust

Inhaltsverzeichnis

Rente und nun?

„Lebe, als würdest du morgen sterben. Lerne, als ob du ewig leben solltest."
(Mahatma Gandhi)

Plötzlich ist es soweit: Der letzte Arbeitstag steht vor der Tür. Eine Tatsache, die bei den meisten Ruhestandanwärtern wohl gemischte Gefühle auslöst. Auf der einen Seite ist da die Freude über weniger Verpflichtungen und mehr selbstbestimmte Zeit. Immerhin klingelt von einem auf den anderen Tag der Wecker nicht mehr. Sie müssen das warme Bett nicht mehr verlassen, wenn es draußen noch dunkel ist oder sich mit Tausenden anderen Pendlern durch den Berufsverkehr kämpfen und dann vier, sechs, acht oder noch mehr Stunden auf der Arbeit verbringen, bevor Sie sich völlig erledigt durch den überfüllten Supermarkt kämpfen, schnell was zu essen machen und dann vor dem Fernseher versacken. All dies gehört von nun an der Vergangenheit an. Ab jetzt heißt es: schlafen so lange Sie wollen, einkaufen, wenn es im Supermarkt leer ist, und bei gutem Wetter spontan an den See fahren. Sobald Sie den letzten Arbeitstag hinter sich gebracht haben, sind Sie endlich frei darin, Ihre Tage so zu verbringen, wie sie es möchten, und Ihre Zeit den Dingen zu widmen, die bislang immer zu kurz gekommen sind: etwa endlich die notwendigen Reparaturen am Haus zu erledigen, öfter in die Oper zu gehen, lange Wanderungen mit dem Hund zu machen oder mehr Zeit mit Ihrem Partner oder Ihren Enkeln zu verbringen.

Auf der anderen Seite kann es aber auch ein ziemlich mulmiges Gefühl sein, wenn es an der Zeit ist, allmählich den Schreibtisch oder Spind räumen zu müssen. Schließlich wird die gewohnte Routine vom einen auf den anderen Tag komplett auf den Kopf gestellt. So anstrengend das Berufsleben oft auch war, hat es Ihrem Leben doch eine gewisse Struktur gegeben. Sie hatten Ihre festen Aufgaben, haben sich gebraucht gefühlt und haben mit Sicherheit auch einige nette Kollegen, Kunden oder Vorgesetzte[1] gehabt, die Sie nun schmerzlich vermissen. Je nach beruflicher Tätigkeit hat Ihr Job Sie geistig und/oder körperlich ordentlich auf Trab gehalten. Sie mussten Neues lernen, flexibel bleiben, die jüngere Generation anlernen und täglich Herausforderungen meistern. Fallen das soziale Umfeld, die berufliche Anerkennung und die Herausforderungen weg, kann die neue Situation – auch bei bester Vorbereitung auf den Ruhestand – zu einer ernsthaften Krise führen, die auch in Depressionen münden kann.

Auch das Privatleben kann durch den Ruhestand vor so manche Herausforderung gestellt werden. Der neue Lebensabschnitt betrifft nämlich keineswegs nur denjenigen, der aus dem Berufsleben ausscheidet, sondern auch den Partner, der noch im Berufsleben steht oder bereits früher ausgeschieden ist. In beiden Fällen wird Ihr gemeinsamer Alltag kräftig durcheinandergewirbelt. Angefangen bei Kleinigkeiten wie dem Abschiedskuss an der Haustür, dem kurzen Telefonat in der Mittagspause oder den Gesprächen beim Abendessen über den Arbeitstag. Aber auch die neue finanzielle Situation und veränderte Freizeitgestaltung können ohne offene Gespräche schnell für Zündstoff sorgen. Insbesondere dann, wenn die Erwartungen an die Zeit im Ruhestand unterschiedlich sind. Etwa, wenn es um die Aufgabenverteilung im Haushalt oder die Planung der gemeinsamen Zeit geht. Es muss erst wieder eine neue Art des Zusammenlebens gefunden werden, die viel Konfliktpotenzial bergen kann. Dafür bietet Ihnen die Zeit im Ruhestand aber auch die Chance auf einen zweiten Frühling. Jetzt, wo die Kinder aus dem Haus sind und das stressige Arbeitsleben Geschichte ist, haben Sie viel mehr Zeit für gemeinsame Reisen, Hobbys und Aktivitäten. Der Ruhestand könnte sogar zu einer der besten Zeiten Ihres Lebens werden. Aktuell befindet sich das Verständnis von Ruhestand und Alter nämlich in einem deutlichen Wandel.

---

1 Aus Gründen der besseren Lesbarkeit wird bei Personenbezeichnungen und personenbezogenen Hauptwörtern in diesem Buch die männliche Form verwendet (zum Beispiel Partner). Entsprechende Begriffe gelten aber grundsätzlich für alle Geschlechter und bedeuten keinesfalls eine Benachteiligung. Die verkürzte Form beinhaltet keine Wertung.

Der Ruhestand im Wandel

In früheren Rentnergenerationen war es üblich, dass das Ausscheiden aus dem Erwerbsleben auch mit einem Rückzug aus dem gesellschaftlichen Leben einherging. Wer in Rente ging, hatte seine Lebensleistung vollbracht und verbrachte die wenigen verbleibenden Jahre im trauten Heim; allenfalls Kaffeefahrten oder Kuraufenthalte sorgten für etwas Abwechslung. Das Wort „Ruhestand“ war wörtlich zu nehmen: Rentner waren in der Gesellschaft so gut wie unsichtbar. Dieses Bild vom Alter ist momentan stark im Wandel, denn alt zu sein ist schon lange nicht mehr das, was es einmal war. Mit der Großmutter, die mit Dutt im Schaukelstuhl sitzt und strickt, oder mit dem griesgrämigen Opa, der Pfeife rauchend über seine Wehwehchen, Politiker oder die Jugend von heute schimpft, haben Rentner von heute so gut wie nichts mehr gemeinsam.

Im Gegensatz zu früher ist die Rente heutzutage kein relativ kurzer Lebensabschnitt mehr. Während die Rentenbezugsdauer im Jahr 1960 bei knapp zehn Jahren lag, können Sie sich heutzutage beim Eintritt in den Ruhestand auf durchschnittlich 20 Jahre in Ihrem neuen Lebensabschnitt freuen. Tendenz steigend. Denn die Lebenserwartung in Deutschland steigt deutlich schneller an als das Renteneinstiegsalter. Es könnte also durchaus sein, dass der neue Lebensabschnitt auch 30 oder sogar 40 Jahre für Sie bereithält. Ein 100. Geburtstag ist schon lange keine Sensation mehr. Laut dem Statistischen Bundesamt lebten in Deutschland 2014 ca. 17.000 Menschen, die 100 oder sogar noch älter waren.

Die gestiegene Lebenserwartung und der Rückgang der Geburtenrate haben aber auch dazu geführt, dass Rentner nicht mehr so wohlhabend sind wie in früheren Generationen. Als der erste Reichskanzler, Otto von Bismarck, im Jahr 1889 die Rentenversicherung einführte, profitierten hiervon nur wenige. Die Bürger mussten bereits über 70 Jahre alt sein, um überhaupt Rente beziehen zu können. Ein Alter, das die meisten Menschen zum damaligen Zeitpunkt nicht erreichten. Hinzukam, dass die Auszahlungsbeträge gering waren und das Verhältnis von Beitragszahlern zu Rentnern bei 27:1 lag – sodass die Rentenkassen prall gefüllt waren. Verhältnisse, von denen wir mittlerweile meilenweit entfernt sind. Die Prognosen gehen so weit, dass im Jahr 2030 auf 100 Beitragszahler bereits 67 Rentner kommen dürften. So kommt es, dass die Zahl der Rentner, die als armutsgefährdet gelten, in den letzten Jahren deutlich angestiegen ist; eine Entwicklung, die sich voraussichtlich noch weiter verschärfen wird. Betrachtet man allerdings nicht nur das Einkommen, sondern auch die angesammelten Vermögenswerte, dann steht die Bevölkerungsgruppe der Senioren vergleichsweise gut dar. Die Altersgruppe der 70- bis 79-Jährigen ist mit einer Quote von 56 Prozent diejenige mit dem höchsten Anteil an Immobilienbesitzern.[2] Noch geht es dem Durchschnittsrentner finanziell gesehen relativ gut. So ist auch nicht verwunderlich, dass die Werbeindustrie allmählich dem Jugendwahn in der Werbung abschwört und ältere Menschen als relevante Zielgruppe für sich entdeckt hat.

Aber nicht nur die Lebenserwartung und damit einhergehend auch die Länge des Ruhestandes steigen. Die Ruheständler von heute sind auch deutlich aktiver als noch vor einigen Jahrzehnten. Laut der Generali-Altersstudie von 2017 treiben 44 Prozent der über 65Jährigen regelmäßig Sport. Sie geben ihr Geld auch längst nicht mehr nur für ihre Kinder und Enkel aus, sondern wollen ihr eigenes Leben noch in vollen Zügen genießen. Während ein 70Jähriger um 1900 bereits als Greis galt, stehen heute viele Menschen in diesem Alter noch voll im Beruf, reisen um die Welt, gehen in einem Ehrenamt auf, erlernen neue Fähigkeiten oder spielen Fußball mit ihren Enkelkindern. Beispielsweise hat die US-Amerikanerin Ida Keeling im Alter von 100 Jahren noch einen Weltrekord in der Altersgruppe W96 – 100 im 100-Meter-Lauf aufgestellt und hinter der Ziellinie noch ein paar Liegestützen gemacht, womit sie deutlich fitter sein dürfte als so mancher 50Jähriger. Ein anderes Beispiel ist der in ärmlichen Verhältnissen aufgewachsene Italiener Giuseppe Paterno, der in jungen Jahren nie die Möglichkeit hatte, zu studieren und schließlich im Alter von über 90 Jahren noch ein Studium begann. Mit 96 Jahren schloss er sein Bachelorstudium der Geschichte und Philosophie als Jahrgangsbester ab und schrieb sich direkt für das Masterstudium ein.

2 Statistisches Bundesamt: Ältere Menschen in Deutschland und der EU, 2016.

Diese Beispiele sind mit Sicherheit Einzelfälle. Wie bei allen anderen Altersgruppen auch sind die Ü-60-Jährigen keine homogene Gruppe. *Den* typischen Rentner gibt es nicht. Gerade was den gesundheitlichen Zustand und die finanzielle Situation angeht, können die Unterschiede enorm sein. Die genannten Beispiele zeigen aber: Senioren sind geistig und körperlich fitter denn je. Viele von ihnen fühlen sich nicht nur zehn bis zwanzig Jahre jünger. Sie wollen sich noch längst nicht zur Ruhe setzen oder gar zurückgezogen leben, sondern aktiv am öffentlichen Leben teilnehmen und Spaß haben.

Dieser Wandel stellt (zukünftige) Rentner aber auch vor neue Herausforderungen, welche die vorherigen Generationen nicht kannten. Nämlich: Wie der neue, mehrere Jahrzehnte umfassende Lebensabschnitt sinnvoll gefüllt werden kann.

Herausforderungen im Ruhestand

Doch wie genau soll das Leben im Ruhestand aussehen? Eine Frage, über die sich viele Bald-Ruheständler wenig Gedanken machen Sie reden zwar häufig darüber, wie sehr sie sich auf die freie Zeit im Ruhestand freuen; wie die Zeit aber konkret verbracht werden möchte, bleibt schwammig. Manch einer plant den nächsten Jahresurlaub besser als den neuen Lebensabschnitt. So ist es wenig verwunderlich, dass der Ruhestand – obwohl er wenig überraschend kommt – viele Menschen verunsichert. Nachdem die Euphorie der ersten Wochen verflogen ist, stellt sich ein Stimmungstief ein, wenn der Erleichterung nach und nach Langeweile folgt. Statt sich über die gewonnene Freiheit zu freuen, fallen viele Rentner zunächst in ein tiefes Loch.

Hiervon betroffen sind vor allem jene, die viel gearbeitet haben und am Ende Ihrer Berufslaufbahn Führungspositionen innehatten. Der Wegfall vertrauter Beziehungen am Arbeitsplatz und die fehlende Anerkennung werden häufig als Ausschluss aus der Gemeinschaft empfunden. Es kommt das Gefühl auf, nicht mehr gebraucht zu werden und zum alten Eisen zu gehören. Die Situation wird noch einmal dadurch verstärkt, dass Menschen, die viel gearbeitet haben, in der Regel auch wenig Zeit für Hobbys und Freundschaften hatten. Experten sprechen hierbei vom „Empty-Desk-Syndrom" (was übersetzt *die Angst vor dem leeren Schreibtisch* bedeutet). Häufige Folgen sind Langeweile und Selbstzweifel, die bis hin zu einer ernsthaften Depression reichen können.

Der beste Weg, es nicht so weit kommen zu lassen, besteht darin, den Ruhestand im Voraus zu planen – aber nicht erst auf den letzten Drücker! Bemühen Sie sich rechtzeitig um Hobbys und Interessen jenseits Ihrer beruflichen Tätigkeiten. So entstehen oftmals auch neue Kontakte, die Sie beim Wegfall der beruflichen Beziehungen auffangen können. Mitunter kann es auch helfen, nicht von einem auf den anderen Tag aus dem Beruf auszusteigen, sondern schrittweise die Stundenzahl zu reduzieren. Wichtig ist auch, sich bewusst eine Phase der Neuorientierung zuzugestehen. Sie müssen nicht direkt vom ersten Tag des Ruhestands an, *ihre* Tätigkeit gefunden haben. Es wird immer wieder Hochs und Tiefs geben. Vielleicht merken Sie mit der Zeit auch, dass Ihre ursprünglichen Pläne nicht mehr zu Ihnen passen. Denken Sie zurück an die ersten Wochen und Monate im Berufsleben. Diese Zeit war mit Sicherheit auch nicht immer einfach. Warum sollte es zum Ende des Berufslebens anders aussehen?

Fakt ist: Auch die beste Vorbereitung kann Sie nicht vor dem Rentenloch schützen. Allerdings sind Sie sehr viel besser aufgestellt, wenn Sie sich bereits einige Zeit vor dem letzten Arbeitstag mit dem Nacherwerbsleben beschäftigen und den Fokus darauf richten, welche Chancen der Ruhestand für Sie bereithält.

Der Ruhestand als Chance

Auch wenn der Ruhestand einiges an Veränderungen und Herausforderungen mit sich bringt, bedeutet das Ende der Erwerbstätigkeit nicht das Ende des (sozialen) Lebens. Vielmehr ist der Ruhestand eine neue Lebensphase, die so einige neue Perspektiven und Chancen für Sie bereithält. Welche das sein können, ist individuell verschieden. Die folgenden Abschnitte geben Ihnen einen ersten Überblick darüber, in welche Richtung Sie Ihren neuen Lebensabschnitt gestalten könnten. Konkrete Inspirationen finden Sie im Anschluss.

Neue Dinge ausprobieren

Endlich Zeit für Hobbys! Falls Sie schon gar nicht mehr wissen, was das ist, dann versuchen Sie, sich einmal daran zu erinnern, welchen Freizeitbeschäftigungen Sie früher gerne nachgegangen sind, bevor sie diese dann aufgrund von zu viel Arbeit oder kleinen Kindern aufgegeben haben. Vielleicht haben Sie ja Lust darauf, alte Leidenschaften wieder aufleben zu lassen. Natürlich ist der Ruhestand auch die ideale Ausgangsbasis, um schon bestehende Hobbys intensiver zu betreiben. Immerhin haben Sie dafür nun endlich nicht mehr nur am Feierabend oder an den Wochenenden Zeit.

Neben einer Vertiefung Ihrer bisherigen Hobbys und Interessen haben Sie nun aber auch die Chance, in aller Ruhe Neues auszuprobieren und mitunter ganz neue Seite an sich zu entdecken. Überlegen Sie einmal: Wann haben Sie zum letzten Mal etwas zum ersten Mal gemacht? Beispielsweise eine neue Sportart ausprobiert, ein Konzert von einer Ihnen unbekannten Band besucht oder etwas aus Zutaten gekocht, die Sie vorher noch nie verwendet haben? Nutzen Sie diese Chance, die Ihnen die freie Zeit im Ruhestand bietet, um all die spannenden Dinge zu entdecken, die das Leben für Sie bereithält. Vielleicht möchten Sie eine neue Sprache lernen, eine Weiterbildung machen oder ein kreatives Hobby beginnen?

Seine Zeit einer Herzensangelegenheit widmen

Das Ehrenamt spielt in unserer Gesellschaft eine wichtige Rolle. Vereine, die Freiwillige Feuerwehr, Kirchengemeinden und weitere Initiativen würden ohne ehrenamtliche Mitarbeit nicht funktionieren. Unter den gut 31 Millionen Ehrenamtlichen in Deutschland sind viele Senioren. Mit Ihrer Lebenserfahrung und Ihrem über Jahrzehnte gesammelten Wissen sind Sie, insbesondere in der Arbeit mit jungen Menschen, eine wichtige Stütze. Vielleicht haben Sie ja bereits ein Herzensprojekt, für das Sie sich engagieren möchten. Im Gegensatz zu früheren Jahren, in denen Sie mit Ihrer Arbeit Ihren Lebensunterhalt und den Ihrer Familie bestreiten mussten, sind Sie nun völlig frei und haben Zeit, einer Aufgabe nachzugehen, die sie erfüllt – auch ohne monetäre Gegenleistung.

Das Spektrum an Möglichkeiten, sich im Ruhestand ehrenamtlich zu engagieren, ist groß. Eine Möglichkeit ist die Arbeit mit Kindern und jungen Erwachsenen: Sie können in Schulen oder Kindergärten vorlesen, bei der Hausaufgabenbetreuung helfen oder Jugendliche beim Übergang von der Schule in den Beruf unterstützen. Ebenso können Sie aber auch Geflüchteten beim Deutschlernen helfen, sich bei der Obdachlosenhilfe engagieren oder mit betagten Menschen in Seniorenheimen Zeit verbringen. Auch Tiere im Tierheim freuen sich über engagierte Gassigeher. Besonders wichtig ist ehrenamtliches Engagement auch im Gemeindeleben oder bei kulturellen Einrichtungen, wo es häufig an Personal fehlt. Wenn es Sie eher in Richtung Ihres alten Berufes zieht, besteht auch hier die Möglichkeit, Ihre Erfahrung an Berufseinsteiger weiterzugeben.

Sie sehen: Optionen gibt es viele. Konkrete Ideen für ehrenamtliches Engagement werden Ihnen in diesem Buch noch begegnen. Ganz gleich, für welche Richtung Sie sich entscheiden, ein Ehrenamt ist eine tolle Möglichkeit, das Gefühl zu haben, auch nach dem Berufsleben „gebraucht" zu werden und mit Gleichgesinnten Kontakt aufzubauen. Wer Gutes tut, gibt nicht nur, sondern bekommt in Form von Anerkennung, neuem Wissen und einem gestärkten Selbstwertgefühl auch eine Menge zurück.

Seniorenrabatte nutzen

Senioren können bei vielen Aktivitäten eine Vergünstigung erhalten. Scheuen Sie sich nicht davor, von diesen Vorteilen Gebrauch zu machen. Sie haben früher bestimmt auch nicht gezögert, Studenten-, Azubi- oder Familienrabatte zu nutzen. Als Rentner hat man zwar mehr Zeit als im Berufsleben, aber in der Regel auch weniger Geld zur Verfügung. Die Rabatte sollen auch finanzschwächeren Rentnern ermöglichen, am öffentlichen Leben teilzunehmen. Zudem erhoffen sich Unternehmen von den Seniorenrabatten eine stärkere Kundenbindung. Denn Senioren bezahlen zwar weniger, kommen dafür aber öfter und häufig zu Zeiten, zu denen sonst weniger los ist. Seniorenrabatte finden Sie vor allem im Kultur- und Freizeitbereich (zum Beispiel in Museen, Freizeitparks, bei Sportveranstaltungen, Sehenswürdigkeiten, in Schwimmbädern, Kinos, Zoos, bei Rundfahrten, in Bibliotheken, Volkshochschulen oder Restaurants) sowie bei Reisen und im Nah- und Fernverkehr. Halten Sie Ihre Augen und Ohren offen!

Ganz entspannt Zeit mit den Enkeln verbringen

Endlich können Sie die Zeit mit Ihren Enkelkindern in vollen Zügen genießen. Vor allem dann, wenn die Eltern voll berufstätig sind, können alle Beteiligten von der neuen Situation profitieren. Die Eltern haben eine Entlastung im Alltag und können auch mal ein paar Stunden ohne Kinder für Erledigungen oder Zweisamkeit nutzen. Währenddessen können Sie mit Ihren Enkeln nach Herzenslust Ausflüge unternehmen, Kekse backen, Fahrradfahren üben oder ihnen Geschichten vorlesen. Und dabei können Sie deutlich gelassener sein als damals mit Ihren eigenen Kindern. Als Großeltern müssen Sie sich nämlich nicht mit Fragen der Kindererziehung beschäftigen; auch schlaflose Nächte gehören im Normalfall nicht mehr zu Ihrem Alltag. Falls Sie (noch) keine Enkelkinder haben, können Sie jungen Familien als Leihoma oder Leihopa zur Verfügung stehen oder sogar als „Granny Au-Pair“ ins Ausland gehen (hierzu später mehr).

Zeit für Gesundheit und Wohlbefinden

Sport, gesunde Ernährung, Entspannung, Vorsorgeuntersuchungen – all dies rückt im Berufsalltag schnell mal in den Hintergrund. Vermutlich bleibt das häufig nicht ohne Folgen: Übergewicht, Rückenschmerzen, Bluthochdruck oder Magengeschwüre sind nur einige der Berufskrankheiten, die viele Arbeitnehmer im Laufe Ihres Berufslebens mit sich herumtragen. Freuen Sie sich darauf, dass Sie nun endlich mehr Zeit haben, um Ihrer Seele und Ihrem Körper etwas Gutes zu tun. Sei es eine Ernährungsberatung, das regelmäßige Kochen mit frischen Zutaten, ein Pilateskurs oder das wöchentliche Tennismatch mit der Nachbarin. Gönnen Sie sich wohltuende Massagen oder buchen Sie direkt ein ganzes Wellness-Wochenende. Sie werden merken, dass einige Ihrer Beschwerden mit der Zeit besser werden und Sie plötzlich viel mehr Energie und Tatendrang verspüren. Ideale Voraussetzungen, um Ihren neuen Lebensabschnitt möglichst lange in vollen Zügen genießen zu können.

Weniger Stress

Nicht mehr zu arbeiten bedeutet auch, dass viele Dinge wegfallen, die Sie gestresst haben. Angefangen beim morgendlichen Berufsverkehr, bis hin zu knappen Deadlines oder einem cholerischen Chef. Sie müssen deutlich weniger Verpflichtungen nachkommen und weniger Erwartungen erfüllen. Es gibt keinen Job mehr, den Sie verlieren könnten, keine Prüfungen, die Sie bestehen müssen und auch keine Beförderungen mehr, denen Sie hinterherjagen sollten. Ohne all die Sorgen und Stressfaktoren lebt es sich doch viel entspannter.

Wie Sie dieses Buch für sich nutzen können

Dieses Buch richtet sich an alle, die allmählich dem letzten Arbeitstag entgegenblicken und nach Ideen und Anregungen für ihren neuen Lebensabschnitt suchen. Selbstverständlich eignet sich das Buch auch, wenn Sie bereits im Ruhestand sind und nach neuen Aufgaben und Perspektiven Ausschau halten. Da es schwer ist, allen gerecht zu werden – immerhin sind die Ruheständler von heute eine sehr inhomogene Gruppe –, finden Sie in diesem Buch 200 sehr unterschiedliche Ideen, wie Sie Ihren Ruhestand interessant gestalten können. Hierbei variieren sowohl die Intensität als auch die Ausrichtung der Tätigkeit, sodass hoffentlich für jeden etwas dabei ist. Neben Ideen aus dem kreativen, sportlichen und kulturellen Bereich finden Sie auch zahlreiche Inspirationen für ehrenamtliches Engagement oder Möglichkeiten, um nach dem eigentlichen Berufsleben weiterzuarbeiten. Die Ideen variieren bewusst in ihrer Intensität. Einige der Aktivitäten werden Sie vermutlich nur einmalig erleben. Aus zahlreichen anderen Vorschlägen können wiederum Lebensaufgaben oder ganz neue Hobbys entstehen und andere Ideen sind womöglich beim besten Willen nichts für Sie.

Deshalb: Betrachten Sie die Ideen nur als Anregungen, nicht als To-do-Liste. Blättern Sie das Buch durch und lesen Sie intensiver, wenn eine Idee Ihr Interesse weckt. Die vorgestellten Ideen sollen Ihnen auch zeigen, wie vielfältig die Möglichkeiten im Ruhestand sind und dass das Leben allerhand Abenteuer und interessante Erfahrungen für Sie bereithält. So dient die Lektüre dieses Buches Ihnen hoffentlich auch als Inspiration, um eigene Ideen zu entwickeln.

200 Ideen für die Zeit im Ruhestand

Und los gehts – das Abenteuer beginnt. In diesem Buch finden Sie 200 Ideen und Denkanstöße für Ihre Zeit im Ruhestand.

1. Zur Ruhe kommen

Bevor der neue Lebensabschnitt mit all den spannenden Aktivitäten und Projekten losgeht, halten Sie doch erst noch einmal inne und genießen Sie es, endlich keinen durchgetakteten Arbeitsalltag mehr zu haben. Ihr Ruhestand soll schließlich nicht zum rastlosen Unruhestand werden. Nichtstun bedeutet, sich ganz dem Jetzt hinzugeben und das zu tun, was Ihnen im Moment wichtig ist, ohne damit einen bestimmten Zweck erfüllen zu müssen; zum Beispiel ausgedehnt spazieren gehen, alte Schallplatten anhören, im Lieblingscafé Zeitung lesen oder in alten Fotoalben blättern.

Die Zeit der Muße hilft Ihnen, das Ende des alten und den Beginn des neuen Lebensabschnitts zu verarbeiten und Kraft zu tanken. Körper und Geist können entspannen und aufgebrauchte Energiereserven wieder gefüllt werden. Die Pause hilft Ihnen, den Blick für die eigenen Interessen und Ziele zu schärfen. Außerdem fördert das bewusste Abschalten die Kreativität. Sie werden merken, wie Ihnen in den Momenten der Ruhe die besten Ideen für neue Projekte kommen. Behalten Sie aber bitte im Hinterkopf: Jede Pause hat irgendwann ein Ende. Andernfalls laufen Sie Gefahr, dass der Ruhemodus zum Standard wird.

Tipp: Besuchen Sie doch einen Achtsamkeitskurs. Diese werden in der Regel sogar von den Krankenkassen bezuschusst. Beim Thema Achtsamkeit geht es darum, sowohl körperlich als auch mental im Hier und Jetzt anzukommen, ohne ständig Vergangenes Revue passieren zu lassen und über die Zukunft nachzudenken. Achtsamkeit bedeutet auch, den gegenwärtigen Moment bewusst wahrzunehmen, ohne ihn zu bewerten. Sie werden merken, wie Sie mit der Zeit langsam entspannen und den Augenblick mehr genießen können. Die perfekte Ausgangsbedingung für ein erfüllendes Leben im Ruhestand.

2. Einen VHS-Kurs besuchen

Als Ruheständler haben Sie endlich Zeit, um all den Hobbys, Leidenschaften und Interessen nachzugehen, die Sie in den letzten Jahren aus Zeitmangel häufig vernachlässigt haben. Die beste Anlaufstelle für Weiterbildungen zu abwechslungsreichen Themen sind die ungefähr 1000 Volkshochschulen (kurz: VHS) hierzulande. Ein Blick ins umfangreiche Programmheft lohnt sich: Neben beruflichen Weiterbildungen werden auch stets vielfältige Kurse und Einzelveranstaltungen zu Themen wie Geschichte, Gesundheit, Kreativität, Politik oder Natur angeboten. Ebenso können Sie dort Fremdsprachenkurse besuchen, ein Instrument lernen oder eine neue Sportart ausprobieren. Nicht selten werden auch Tagesausflüge ins nahe Ausland, Stadtführungen oder Studienfahrten angeboten. Wie wäre es zum Beispiel mit einem Dänischkurs, einem Vortrag über Frauenemanzipation in der Weimarer Republik oder mit einer Studienfahrt nach Wien?

Unter https://www.volkshochschule.de/ können Sie ganz einfach eine Volkshochschule in Ihrer Nähe finden. Hier erhalten Sie auch das jeweilige Online-Programm. Volkshochschulen haben auch ein gedrucktes Programm, das Sie vor Ort oder beispielsweise in der Bücherei, auf verschiedenen Ämtern oder im Rathaus abholen können.

3. Granny Au-Pair werden

Jugendlichen und jungen Erwachsenen stehen heutzutage eine Vielzahl an Möglichkeiten offen, um die Welt zu bereisen. Für einige Zeit ins Ausland zu gehen, sei es als Au-Pairs, Praktikanten, freiwillige Helfer oder als Austauschschüler oder Austauschstudenten, ist mittlerweile eher die Regel als eine Ausnahme. Möglichkeiten, die Ihnen vor etwa 50 Jahren vermutlich nicht zur Verfügung standen. Doch kein Grund, neidisch zu werden! Auch in der zweiten Lebenshälfte gibt es Wege, um die weite Welt zu entdecken und für einige Zeit in eine fremde Kultur einzutauchen. Zum Beispiel als „Granny Au-Pair". Das Konzept ähnelt jenem der klassischen Au-Pair-Tätigkeit: Sie wohnen bei einer Familie und bekommen Kost und Logis gestellt (in einigen Fällen auch ein kleines Taschengeld oder einen Sprachkurs finanziert). Dafür unterstützen Sie die Familie bei der Kinderbetreuung. Eine Hilfe, die von den Familien sehr geschätzt wird. Oftmals werden Granny Au-Pairs gegenüber jungen Menschen sogar bevorzugt. Die Gastfamilien schätzen die Lebenserfahrung und Umsicht, die Sie mitbringen. Natürlich ist es von Vorteil, wenn Sie Kenntnisse der Landessprache haben. Voraussetzung ist dies in vielen Fällen aber nicht (natürlich kann es nicht schaden, vorher einen Sprachkurs zu besuchen).

Wichtige Infos:

- Da sich die Gebühren und Konditionen je nach Agentur sehr unterscheiden, sollten Sie bei der Auswahl genau aufpassen.
- Leider richtigen sich die Angebote überwiegend an Frauen. Fragen Sie im Zweifel bei der jeweiligen Agentur nach, falls Sie als männliches Au-Pair ins Ausland möchten.
- Die Art der Aufgaben folgt keinen festen Bestimmungen, sondern wird zwischen Ihnen und der Familie ausgemacht.
- Als Granny Au-Pair gelten Sie als Freiwillige. Das bedeutet, dass Sie (ohne Arbeitserlaubnis) keine Entlohnung erhalten dürfen. Neben Kost und Logis übernehmen die Gastfamilien aber oft die Kosten für die Anreise oder einen Sprachkurs.

4. Ein Seniorenstudium beginnen

Von der Studienzeit wird häufig gesagt, sie sei eine der schönsten im Leben. Angeregt diskutieren, neue Menschen kennenlernen und intensiv den eigenen Interessen nachgehen. Falls Sie dieser verpassten Chance nachtrauern, lassen Sie sich gesagt sein: Auch jenseits der 30 ist es nicht zu spät, um ein Studium zu beginnen oder ein vor Jahrzehnten abgebrochenes Studium wieder aufzunehmen.

Im Gegenteil: Viele Universitäten bieten spezielle Programme für die Zielgruppe 50+ an (die Altersgrenze nach oben ist offen). Anders als bei den regulären Bachelorstudiengängen ist das Abitur keine Voraussetzung für ein Seniorenstudium. Zu Semesterbeginn ist lediglich eine Gebühr fällig, die meist deutlich geringer ausfällt als der normale Semesterbeitrag. Zwar kommen Sie im Gegensatz zu ihren jüngeren Kommilitonen nicht in den Genuss eines Semestertickets und Ermäßigungen in der Mensa, dafür haben Sie als Seniorenstudent aber das Privileg, völlig ohne Druck zu studieren, ihr Berufsleben liegt schließlich schon hinter Ihnen. Sie können sich bei der Wahl ihrer Veranstaltungen ganz nach Ihren Interessen richten und brauchen sich keinen Kopf darüber machen, wie sich ein Seminar zu „Liebesflüchen in der Antike" oder „Ovids Metamorphosen" auf Ihre Karrierechancen auswirkt oder ob Ihr Nebenjob zu den Vorlesungszeiten passt. So ist auch nicht verwunderlich, dass bei Seniorenstudenten Veranstaltungen der sozial- und geisteswissenschaftlichen Fakultäten und Fächer wie Geschichte, Religion und Philosophie hoch im Kurs stehen. Anders als bei Bachelor- und Masterstudiengängen ist das Studium auch nicht auf Prüfungen und Abschlüsse ausgerichtet, auch wenn Sie je nach Programm Leistungsnachweise erbringen und Abschlusszertifikate erwerben können.

Egal, was Ihre Motivation ist – ein lang gehegter Lebenstraum, der Wunsch, das frühere Fachgebiet auf den neusten Stand zu bringen oder ein Interessengebiet zu vertiefen –, von einem späten Studium profitieren Sie in vielfacher Weise. Neben der Freude am Lernen halten Sie Kontakt zu einer sich verändernden Welt und bleiben im Austausch mit der jüngeren Generation, wovon beide Seiten profitieren.

Weitere Informationen finden Sie auf der Webseite des Akademischen Vereins der Senioren in Deutschland (http://www.avds.de/). Hier können Sie sich auch einen Studienführer für Senioren bestellen.

5. Mentor für einen jungen Menschen sein

In Ihrem bisherigen Leben haben Sie so einiges an Lebens- und Berufserfahrung gesammelt. Erfahrungen, von denen junge Menschen profitieren können. Aus diesem Grund gibt es Mentorenprogramme, welche Senioren und Jugendliche zusammenbringen. Die teilnehmenden Jugendlichen kommen häufig aus einem schwierigen Elternhaus, haben einen Migrationshintergrund und/oder schulische Probleme. Sie haben meist keine einfachen Startbedingungen ins (Berufs-)Leben. Ihre Aufgabe als Mentor ist es, die Jugendlichen eine Zeit lang auf ihrem Weg zu begleiten. Sie geben bei wichtigen Prüfungen Nachhilfeunterricht, begleiten sie bei Behördengängen, beraten sie bei der Berufsfindung und helfen ihnen bei der Praktikums- und Ausbildungsplatzsuche. Offiziell ist das Programm häufig nach einem Zeitraum von zwei Jahren oder beim Antritt einer Ausbildung beendet. Oft entstehen zwischen Mentor und Mentoree, wie die Jugendlichen genannt werden, aber auch bereichernde generationsübergreifende Freundschaften, die über das Programm hinausreichen. Mit Ihrem Engagement verhelfen Sie nicht nur einem jungen Menschen zu einem besseren Start in den Beruf, sondern bekommen auch interessante Einblicke in die Sichtweisen, Gedanken und Probleme junger Leute.

6. Auf dem Wochenmarkt einkaufen gehen

Endlich Zeit für ausgedehnte Marktbesuche unter der Woche, statt volle Supermärkte nach Feierabend besuchen zu müssen. Herrlich! Es geht doch nichts über frisch gepflückte Äpfel und süße Erdbeeren vom Bauern nebenan oder über aromatischen Honig, der nicht erst um die halbe Welt geflogen ist. Regionale Lebensmittel schmecken definitiv um einiges besser als ihr Pendant aus dem Supermarkt. Kein Wunder: Immerhin sind die Transportwege und die Zeit zwischen Ernte und Verkauf kurz. Oft sind die Lebensmittel sogar in Bioqualität. Im Gegensatz zum Supermarkt stehen Sie auf dem Marktplatz in Eins-zu-Eins-Kontakt zu den Verkäufern. Fragen Sie ruhig nach, welche Obst- und Gemüsesorten gerade besonders zu empfehlen sind, oder wie eine unbekannte Sorte zubereitet werden kann. Meistens bleibt auch Zeit für ein kurzes Schwätzchen. Ein Szenario, das im Supermarkt undenkbar ist, da das Kassenpersonal die Ware in Rekordgeschwindigkeit über den Scanner zieht und Ihnen der nächste Kunde schon den Wagen in die Hacken rammt. Im Vergleich werden Sie merken, wie viel besser gelaunt Sie vom Wochenmarkt zurückkommen. Meistens sind die Wochenmärkte sehr zentral gelegen, sodass sich die Einkäufe prima zu Fuß oder mit dem Fahrrad erledigen lassen. So haben Sie gleichzeitig noch etwas für Ihre Gesundheit getan.

7. Eine Fahrt im Heißluftballon

Haben Sie an lauen Sommerabenden auch schon die bunten Ballons bestaunt, den Menschen im Korb zugewunken und sich dabei gewünscht, die Welt auch einmal aus der Vogelperspektive zu bestaunen? Dann ist jetzt genau der richtige Zeitpunkt dafür! Warum? Nun ja, bei der Planung einer Ballonfahrt gilt es, spontan zu sein. Ob eine Fahrt stattfinden kann, ist an eine Reihe von Voraussetzungen geknüpft. Es darf es nicht zu windig sein, zu wenig Wind ist aber auch nicht gut. Gleichzeitig sollte es nicht zu heiß sein und die Gewitterwahrscheinlichkeit sollte gleich null sein. Sie merken schon: Das Ganze ist gar nicht so einfach. So ist auch nicht verwunderlich, dass geplante Fahrten mehrmals verschoben und meist erst kurz vorher ab- oder zugesagt werden können. Daher ist es gut, wenn Sie da flexibel sind. Darüber hinaus müssen Sie keine besonderen Voraussetzungen mitbringen. Eine normale körperliche Verfassung reicht aus (Sie sollten zum Beispiel in den Ballon klettern können). Was das Gewicht betrifft, variieren die Obergrenzen. Halten Sie im Zweifel Rücksprache mit dem Anbieter.

Auch wenn Sie in Ihrem Leben schon viel erlebt und mitgemacht haben, kann der Gedanke daran, Ihr Leben einem Ballon, der mit heißer Luft gefüllt ist, anzuvertrauen, beängstigend sein. Doch keine Sorge: Der Heißluftballon gilt als das sicherste Transportmittel in der Luft. Schwerwiegende Unfälle sind äußerst selten. Selbst Höhenangst soll kein Problem sein. Kaum zu glauben, wenn einem schon auf einer Leiter flau im Magen wird. Grund hierfür ist aber, dass der Ballon nicht mit dem Boden verbunden ist.

Das Auge kann das Gesamtbild erfassen und hat nicht mit einer verzerrten Wahrnehmung zu kämpfen, wie dies beispielsweise beim Blick von einem Hochhaus der Fall ist. Was eine Ballonfahrt zudem so komfortabel macht, ist die vollkommene Windstille im Korb. Sie kommt dadurch zustande, dass der Ballon mit dem Wind fährt und die Windgeschwindigkeit annimmt.

Genießen Sie doch einmal die Aussicht auf Ihren Heimatort von oben. Ganz Mutige können auch eine Alpenüberquerung buchen und aus über 5.000 Meter Höhe das verschneite Alpenpanorama bestaunen.

8. Ahnenforschung betreiben

Wissen Sie, woher Ihre Vorfahren stammen? Vielleicht kommt Ihnen jetzt Ihre spanische Großmutter oder die Vorfahren Ihres Vaters, die wohl aus England stammen, in den Sinn. Aber wie sieht das Gesamtbild aus? Welche Regionen haben sich möglicherweise vor einigen Jahrhunderten in Ihre DNA gemischt? Gibt es vielleicht sogar entfernte Verwandte auf anderen Erdteilen? All dies sind spannende Fragen, die erklären, warum Ahnenforschung – und neuerdings auch DNA-Tests für zu Hause – so beliebt sind. Einen DNA-Test können Sie sich online bei Anbieten wie „myheritage" und „ancestry" bequem nach Hause bestellen. Nach wenigen Tagen erhalten Sie ein Test-Kit und können eigenhändig eine DNA-Probe entnehmen. Hierzu streichen Sie mit einem Wattestäbchen über die Innenseite Ihrer Wangen und senden die Probe in dem beigefügten Umschlag zurück. Dann heißt es warten. Nach einigen Wochen erhalten Sie eine E-Mail mit den Ergebnissen. Neben einer Aufstellung darüber, zu wie viel Prozent Ihrer DNA beispielsweise aus Skandinavien, England oder sogar Nordafrika stammt, können Sie in der Datenbank Ihres Anbieters nach entfernten Verwandten suchen.

Aber auch ohne DNA-Tests (die im Übrigen aus Datenschutzgründen nicht ganz unbedenklich sind) können Sie auf den genannten Plattformen je nach Tarif auf alte Taufregister, Zeitungen, Passagierlisten etc. zurückgreifen und der Geschichte Ihrer Familie Stück für Stück auf den Grund gehen. Falls Ihre Vorfahren in einem der beiden Weltkriege umgekommen sind, gibt es über den Volksbund Deutscher Kriegsgräberfürsorge auch die Möglichkeit, im Internet nach Gräbern zu suchen (https://www.volksbund.de/graebersuche).

Vielleicht haben Sie ja auch Lust darauf, die Orte Ihrer Vorfahren aufzusuchen und die Erkenntnisse über die Familiengeschichte für Ihre Nachfahren festzuhalten.

9. Als Zeitzeuge vor eine Schulklasse treten

Wiederaufbau, DDR, Mauerfall und Kalter Krieg – all diese Ereignisse kennt die heutige Schülergeneration nur noch aus dem Geschichtsunterricht. Für Jugendliche ist der Besuch eines Zeitzeugen nicht nur eine willkommene Abwechslung, sondern auch viel authentischer als Schilderungen in Geschichtsbüchern. Besonders interessant für Schüler ist es, zu erfahren, wie Sie selbst als junger Mensch mit den Problemen und Herausforderungen in der damaligen Zeit fertig geworden sind. Wenn Sie den Austausch zwischen den Generationen fördern möchten, bereit sind über Ihre eigenen Erfahrungen zu sprechen und offen für die Fragen der Schüler sind, können erste Anlaufstellen, um als Zeitzeuge aufzutreten, oftmals Gedenkstätten oder die örtlichen Schulen sein. Im Internet gibt es aber auch einige Zeitzeugenbörsen, die Kontakte vermitteln (zum Beispiel http://www.zeitzeugenbuero.de/ und https://www.ddr-zeitzeuge.de/).

10. Einen Zumba-(Gold-)Kurs machen

Wenn Sie bei dem Wort „Zumba“ gerade einen Tippfehler vermuten und an lateinamerikanische Tänze gedacht haben, liegen Sie gar nicht so verkehrt. Zumba ist eine Mischung aus Aerobic und lateinamerikanischen Tänzen wie Rumba, Salsa und Merengue. Im Unterschied zu reinen Aerobic-Klassen oder Tanzkursen müssen aber keine komplizierten Abfolgen gelernt werden. Die Bewegungen sind einfach und ergeben sich oft intuitiv. Und das Beste daran: Zumba macht so viel Spaß, dass die Kalorien ganz nebenbei purzeln – und zwar in einem nicht zu verachtenden Maße: 60 Minuten Zumba verbrauchen je nach Intensität ca. 500 Kalorien. Das müssen Sie auf dem

Laufband erst einmal schaffen. Doch Achtung: Zumba kann definitiv süchtig machen. Nach einer Zumba-Stunde werden Sie nur so vor Energie und Lebensfreude sprühen. Wenn Sie in Ihren letzten Berufsjahren Sport vernachlässigt haben und befürchten, nicht fit genug zu sein, dann seien Sie beruhigt: Statt Leistung steht beim Zumba Spaß an erster Stelle. Zudem gibt es je nach Fitnesslevel Kurse für Anfänger oder Fortgeschrittene. Speziell für ältere Menschen bzw. Menschen, denen die regulären Zumba-Stunden zu anstrengend sind, wurde Zumba Gold konzipiert. Die geringere Intensität ermöglicht einen langsamen Fitnessaufbau. Geeignete Zumba-Kurse finden Sie in Fitnessstudios, Sportvereinen, Tanzschulen und unter www.zumba.com.

11. Ein Dark Dinner besuchen

Sie haben in Ihrem Leben schon unzählige Dinner und Restaurantbesuche hinter sich, sei es geschäftlich oder im privaten Umfeld? Meist geben sich insbesondere hochpreisige Gastronomien viel Mühe, um ein stimmungs- und stilvolles Ambiente zu schaffen. All dies ist bei einem Dark Dinner völlig egal, denn Sie speisen in völliger Dunkelheit. Die Kontrolle über Ihr Augenlicht geben Sie am Eingang ab. Ein Kellner wird Sie zu Ihrem Platz in dem bereits völlig abgedunkelten Restaurant führen. Ab dann gilt es, sich auf die anderen Sinneswahrnehmungen zu verlassen. Wo liegt zum Beispiel die Gabel? Sind andere Gäste in der Nähe? Was riecht hier so gut? Und ganz wichtig: Was essen Sie gerade eigentlich? Vorab können Sie zwar grob auswählen, was Sie essen möchten (vegetarisch, Fisch etc.), was letztendlich auf Ihrem Tisch landet, ist aber eine Überraschung. Lassen Sie sich versichern: Im Dunkeln werden Sie nicht nur alle anderen Sinneseindrücke viel intensiver wahrnehmen, sondern Ihr Essen auch viel bewusster genießen.

12. Als Weihnachtsmann auftreten

Ho Ho Ho… Bereiten Sie sich auf die Rolle Ihres Lebens vor. Denn endlich sind Sie alt genug, um in der Rolle des Weihnachtsmannes Kinderaugen zum Strahlen zu bringen. Kann es einen schöneren Job geben? Wohl kaum.

Um in der Rolle zu überzeugen, gilt es, einiges zu beachten:

- Sie sollten die Bedeutung des Weihnachtsmannes kennen. Seien Sie unbedingt auch auf neugierige Kinderfragen wie „Wo steht dein Schlitten?“ vorbereitet.
- Das Kostüm sollte vollständig und stimmig sein. Moderne Accessoires wie ein Smartphone oder eine Uhr sind tabu.
- Holen Sie über das Kind oder die Kinder im Vorfeld Erkundigungen ein und tragen Sie alles Wissenswerte in das Goldene Buch, das Sie als Weihnachtsmann immer bei sich haben, ein.
- Ein bisschen Schauspieltalent und eine gewisse Textsicherheit bei Weihnachtsliedern können auch nicht schaden.

Weihnachtsmänner sind vor allem an Heiligabend gefragt. Aber auch in der Vorweihnachtszeit und an den beiden Weihnachtsfeiertagen buchen viele Eltern für ihre Sprösslinge einen Weihnachtsmann. Jobs in Ihrer Umgebung finden Sie bei entsprechenden Agenturen (zum Beispiel https://www.miete-einen-weihnachtsmann.de/, https://www.weihnachtsmann2go.de/, https://weihnachtsmann-mieten.de/).

Leider entspricht es den Erwartungen, dass die Rolle des Weihnachtsmannes und Nikolaus von einem Mann verkörpert wird. In vielen Regionen ist statt des Weihnachtsmannes allerdings das Christkind der Gabenbringer. Einige Familien buchen auch zusätzliche Figuren wie Engel oder Elfen, sodass Sie auch als weiblicher Weihnachtsdarsteller eine Rolle finden können.

13. Death Cleaning

Das klingt im ersten Moment vermutlich etwas makaber, schließlich gehen Sie nur in Rente und sind noch längst nicht tot. Darum geht es beim „Death Cleaning“[3] auch nicht. Das Konzept der Schwedin Margareta Magnusson richtet sich an jüngere wie ältere Menschen gleichermaßen. Im Kern geht es beim Death Cleaning darum, das eigene Leben zu entrümpeln und sich

3 Magnusson, Margareta (2018): „Frau Magnussons Kunst, die letzten Dinge des Lebens zu ordnen“ (S. Fischer).

von unnötigem Ballast zu befreien. All dies geschieht auch mit dem Hintergedanken, auszumisten und zu entrümpeln, solange man es noch selbst kann, um diese Aufgabe nicht den Hinterbliebenen zu überlassen.

Wenn Ihnen bei diesem Konzept nicht so wohl ist, gibt es eine Reihe anderer Bücher zu Minimalismus, die Ihnen beim Ausmisten unter die Arme greifen (zum Beispiel „Magic Cleaning" von der Japanerin Marie Kondo[4]). Der minimalistische Lebensstil ist in allererster Linie ein Geschenk an Sie selbst.

Die Vorteile von Minimalismus:

1. Sie sparen Geld: Einige der aussortierten Dinge lassen sich sicher noch verkaufen. Viel wichtiger ist aber, dass sie künftig auch weniger Geld für Konsum (neuen Krempel) ausgeben werden. Geld, welches Sie in all die tollen Erlebnisse und Reisen investieren können, die Ihnen am Herzen liegen.
2. Sie fühlen sich frei: Auszumisten bedeutet nicht nur, Gegenstände loszulassen. Durch Ordnung in den eigenen vier Wänden gelingt es auch, den Geist zur Ruhe kommen zu lassen und Klarheit zu gewinnen. Schließlich gibt es weniger Dinge in unserem Blickfeld, um die die Gedanken kreisen.
3. Sie sparen Zeit: Besitz kostet Zeit. Er muss gekauft, konsumiert, repariert, aufgeräumt und entsorgt werden. Statt die Zeit mit Gegenständen zu verbringen, haben Sie nach dem Ausmisten viel mehr Zeit, um ein Buch zu lesen, einen Spaziergang in der Natur zu machen oder die Zeit mit lieben Menschen zu verbringen.
4. Nachhaltigkeit: Weniger Konsum bedeutet im Umkehrschluss auch weniger Abfall und weniger Verschwendung. Sie werden vielleicht mit der Zeit merken, dass Sie bewusst hochwertigere Dinge kaufen, die Ihnen nicht nur Freude bereiten, sondern auch länger halten.
5. Weniger Vergleiche: Hat man sich einmal von dem Gedanken gelöst, immer mehr zu wollen und sich mit anderen messen zu müssen, kann das Leben ganz schön stressfrei sein.

4 Kondo, Marie (2013): „Magic Cleaning: Wie richtiges Aufräumen Ihr Leben verändert" (rororo).

14. Flohmärkte besuchen

Flohmärkte haben einen besonderen Charme, mit dem kein Kaufhaus dieser Welt und schon gar nicht die Internetplattform Ebay-Kleinanzeigen mithalten kann. Anstatt von Laden zu Laden zu hetzen, bleiben Sie auf Flohmärkten stehen, halten ein Schwätzchen oder feilschen um einen günstigeren Preis. Auf Flohmärkten kann man echte Raritäten finden oder mit leeren Händen nach Hause gehen. Alles ist möglich und genau das macht den Reiz aus. Benötigen Sie etwas Bestimmtes wie alte Bilderrahmen, eine Kaffeemühle oder Schallplatten, dann halten Sie Ihren Wunsch doch noch etwas zurück und warten Sie auf den nächsten Flohmarkt. Neben günstig sind die Schätze vom Flohmarkt vor allem eines: nachhaltig. Insbesondere bei Mode lohnt es sich, Vintage-Schätze vergangener Jahrzehnte zu erwerben, statt ähnliche Modelle für ein Vielfaches neu zu kaufen. Aber nicht nur auf Käuferseite können Sie eine Menge Geld sparen: Zu oft kaufen wir etwas, um nach ein paar Monaten festzustellen, dass wir es doch nicht benötigen oder dass es uns nicht mehr gefällt. Der Verkauf von Dingen, die Sie nicht mehr benötigen, schafft nicht nur Platz, sondern füllt auch noch Ihre Urlaubskasse. Es ist doch ein schönes Gefühl, etwas loszuwerden, was für Sie nur Krempel ist, jemand anderem aber ein Leuchten ins Gesicht zaubert.

15. Auf Gran Canaria überwintern

Auf Gran Canaria herrscht das ganze Jahr über Frühling. Auch im Winter sinken die Temperaturen selten unter die 20-Grad-Marke. Perfekt, um dem europäischen Winter zu entfliehen und einfach einmal etwas länger zu bleiben als die standardmäßigen zwei Wochen. Ihr Vorteil in den Wintermonaten: Die Insel ist von Badeurlaubern nicht so überlaufen und viele Unterkünfte bieten für Langzeiturlauber attraktive Konditionen an. So können Sie die Insel in Ruhe erkunden oder an den leeren Stränden die Seele baumeln lassen.

Tipp: Wie wäre es, wenn Sie den Aufenthalt in Ihrem Winterquartier mit einem Spanischkurs kombinieren? Mit etwas Spanisch in petto lässt sich auch viel leichter Kontakt zu Einheimischen knüpfen.

16. Einen Standardtanzkurs besuchen

Tanzen macht glücklich – und wie! Beim Tanzen werden jede Menge Endorphine freigesetzt. Zudem stärkt das Tanzen das Selbstwertgefühl und fördert soziale Kontakte. Bei älteren Menschen kann es sogar die Gedächtnisleistung verbessern und den Gleichgewichtssinn trainieren. Perfekt, oder? Falls ihr letzter Tanzkurs schon ein paar Jahrzehnte her ist und Sie nicht mit lauter Teenagern im Kurs sein möchten, auch kein Problem. In den meisten Tanzschulen werden Teenager und Erwachsene getrennt unterrichtet. Ältere Paare in den Kursen anzutreffen, ist keine Seltenheit. Im Gegenteil: Cha-Cha-Cha, Walzer und Rumba stehen gerade bei älteren Tänzern hoch im Kurs. Auch wenn Sie keinen (Tanz-)Partner haben, können Sie trotzdem teilnehmen. Viele Tanzschulen vermitteln zwischen Interessierten.

17. Eisbaden

Jetzt wird es kalt. Und zwar so richtig kalt. Denn beim Eisbaden ist der Name Programm. Wenn die Temperaturen so langsam Richtung Gefrierpunkt wandern, heißt es: „Runter mit der warmen Kleidung und rein ins eiskalte Wasser!“ Was nach einer ziemlich durchgeknallten Mutprobe, wenn nicht sogar nach einer Foltermethode, klingt, soll gut für die Gesundheit sein. Nicht umsonst hat das Eisbaden in nordischen Ländern eine lange Tradition. Der Kältekick setzt Adrenalin und Endorphine frei, was auch Stunden nach dem Erlebnis noch für Glücksgefühle sorgt. Zudem soll regelmäßiges Eisbaden das Immunsystem stärken, die Blutgefäße elastisch halten und die Fettverbrennung ankurbeln.

Wichtig: Unerfahrene sollten sich auf keinen Fall von heute auf morgen allein in die eisigen Fluten wagen. Bereiten Sie sich mit kalten Duschen auf Ihr Abenteuer vor und nehmen Sie immer eine Begleitperson mit.

18. Neujahrsschwimmen

Wenn Sie etwas Übung im Eisbaden haben, dann nehmen Sie doch einmal an einem traditionellen Neujahrsschwimmen teil. Sie vermuten es vielleicht schon: Mit einem gemütlichen Neujahrskonzert oder Neujahrsempfang hat das Neujahrsschwimmen nichts zu tun. Der frostige Brauch besteht darin, sich am Neujahrstag in die eiskalten Fluten der Nordsee (die Wassertemperatur beträgt ca. 6 Grad), eines Flusses oder Sees zu stürzen. Der Respekt der Zuschauer wird Ihnen sicher sein.

19. Ehemalige Kollegen einladen

Mit Ihren Arbeitskollegen haben Sie in den letzten Jahren sehr viel Zeit verbracht. Da kann es schnell passieren, dass Ihnen im Ruhestand der Kontakt zu ihnen fehlt. Damit Sie nicht immer bei ihrer alten Arbeitsstelle vorbeischauen müssen und Ihre Ex-Kollegen von der Arbeit abhalten, laden Sie Ihre ehemaligen Lieblingskollegen doch einmal zu Kaffee und Kuchen oder zu einem gemeinsamen Abendessen ein. Falls Ihnen im Berufsleben private Treffen mit Kollegen immer zu heikel waren und Sie Berufliches und Privates lieber getrennt haben, brauchen Sie sich hierüber nun keine Gedanken mehr zu machen. Lauschen Sie dem neuesten Klatsch und Tratsch und vielleicht freuen Sie sich auch darüber, kein Teil mehr davon zu sein. Im (Privat-)Leben Ihrer Kollegen hat sich sicher so einiges getan und Sie können von Ihrem neuen, aufregenden Leben als Ruheständler berichten.

20. Seniorenmodel werden

Die Zeiten sind vorbei, als Models vor allem jung, schlank und bestenfalls makellos sein sollten. Nicht nur sogenannte Plus-Size-Models sind gerade voll im Trend. Die Werbebranche hat auch erkannt, dass die Zielgruppe der über 50Jährigen nicht nur viel weltoffener, aktiver und interessierter ist als dieselbe Altersgruppe vor einigen Jahrzehnten, sondern häufig auch zahlungskräftiger. In gleichem Maße ist auch das Interesse an Seniorenmodellen – oder besser gesagt: an Best-Ager-Modellen – stark angestiegen, denn Menschen können sich viel besser mit Gesichtern in ihrem Alter identifizieren. Kunden schätzen bei Models mit Lebenserfahrung vor allem die Gelassenheit und Zuverlässigkeit am Set. Zudem haben Best-Ager-Models in der Regel mehr Zeit und sind zeitlich flexibler als 16Jährige, die den Spagat zwischen Schulbank und Model-Ambitionen hinbekommen müssen. Neben klischeebehafteten Einsatzbereichen, wie für Anti-Aging-Produkte, Treppenlifte, Haftcremes und Co, sind Seniorenmodels oft gefragt, wenn es um Reisen und hochwertige Produkte geht.

Um als Seniorenmodel durchzustarten, recherchieren Sie zunächst im Internet nach Agenturen in Ihrer Nähe. Schauen Sie auf der Webseite, was für eine Bewerbung gefordert wird. Bei den Fotos für die Bewerbung lautet die wichtigste Regel: Authentizität. Achten Sie darauf, dass der Fotograf nicht zu viel retuschiert. Zeigen Sie sich so, wie Sie sind. Der Vorteil einer späten Modelkarriere ist auch, dass über kleine Makel viel eher hinweggesehen wird als bei jüngeren Models. Was bei älteren Models zählt, ist Natürlichkeit und Ausstrahlung. Wichtig ist allerdings ein gepflegtes Erscheinungsbild. Sonstige Voraussetzungen sind eine gewisse körperliche Fitness (Fotoshootings können ziemlich anstrengend werden) und ein offenes Wesen. Sie sollten Spaß daran haben, in neue Rollen zu schlüpfen.

Da die Konkurrenz, anders als bei den jüngeren Models, momentan eher noch gering ist, haben Sie mit Ihrer Bewerbung recht gute Chancen. Das Ende des Jugendwahns in der Werbung hat gerade erst begonnen.

21. Einen Stammtisch gründen

Allein das Wort „Stammtisch“ weckt schon Assoziationen von Vertrautheit, Zusammengehörigkeit und Geselligkeit. Wer dabei an feucht-fröhliche Kneipenabende denkt, liegt gar nicht mal so falsch. Neben dem geselligen Aspekt verbindet die meisten Stammtische aber auch ein gemeinsames Interesse. Egal, ob Stricken, Fotografieren oder die Leidenschaft für die spanische Sprache und Kultur – Anlässe, um einen Stammtisch zu gründen, gibt es unzählige. Bevor Sie Ihren eigenen Stammtisch gründen, schauen Sie doch zunächst einmal, ob es in Ihrer unmittelbaren Nähe nicht schon einen passenden Stammtisch gibt. Fündig werden Sie zum Beispiel über die Google-Suche, Facebook oder Spontacs, eine Webseite, über die Sie Gleichgesinnte für Freizeitaktivitäten in Ihrer Stadt kennenlernen können (https://www.spontacts.com/). Die meisten Stammtische freuen sich eher über neue Mitglieder, als dass sie wegen Überfüllung niemanden mehr aufnehmen. Wenn Sie nicht fündig werden, dann seien Sie mutig: Rufen Sie selbst einen Stammtisch ins Leben. Mit Sicherheit gibt es auch für Ihre individuellen Interessen Gleichgesinnte. Die meisten Menschen scheuen sich allerdings davor, die Initiative zu ergreifen und den ersten Schritt zu wagen.

Tipp: Lassen Sie Ihren Stammtisch immer am selben Ort und zur selben Zeit stattfinden. So ersparen Sie sich lästige Diskussionen. Wichtig ist auch, dass der Treffpunkt zentral gelegen ist und auch zu später Stunde noch mit öffentlichen Verkehrsmitteln erreichbar ist.

22. Jahreskarteninhaber werden

Endlich müssen Sie sich nicht mehr an den Wochenenden mit all den Familien und Berufstätigen in den Zoo, ins Museum oder den Freizeitpark drängen. Sie haben schließlich auch unter der Woche Zeit. Wenn Sie schon immer gerne Tiere im Zoo beobachtet haben, dann gönnen Sie sich doch eine Jahreskarte (für Senioren sogar oft mit Ermäßigung Solch eine Karte lohnt sich zum Beispiel im Kölner Zoo bereits nach drei Besuchen. Viele Einrichtungen bieten Jahreskarteninhabern sogar noch kleine Extras wie Rabatte in Restaurants der Souvenirshops.

23. Ein Buch schreiben

Ob Liebesroman, Thriller, Sachbuch oder Gedichtband – egal, welche Buchidee Ihnen schon seit Jahren (oder Jahrzehnten) durch den Kopf schwirrt: Für eine Karriere als Autor ist es nie zu spät! Vor allem da mittlerweile eine riesengroße Hürde weggefallen ist. Um ein Buch zu veröffentlichen, benötigen Sie nämlich nicht einmal mehr einen Verlag. Mittlerweile können Sie ein Buch auch unkompliziert in Eigenregie (Self-Publishing) veröffentlichen. Der Vorteil bei dieser Variante ist, dass Sie vom Text, über das Cover und die Zeitplanung bis hin zum Buchpreis den gesamten Prozess selbst bestimmen können. Da das Buch bei den gängigen Selfpublisher-Plattformen wie „Amazon KDP" (Amazon Kindle Direct Publishing), „epublii" oder „bücher.de", erst gedruckt wird, wenn es jemand bestellt hat (Print on Demand), entstehen für Sie im Vorfeld keine Kosten. Allerdings sind Sie ohne Verlag auch auf sich allein gestellt, was das Marketing betrifft. Von der finanziellen Seite einmal abgesehen, wird es ein unbeschreibliches Gefühl sein, wenn Sie Ihr fertiges Werk endlich in den Händen halten dürfen.

24. Eine Kräuterwanderung machen

Was wächst da eigentlich am Wegesrand? Während Löwenzahn, Brennnessel und Gänseblümchen noch leicht zu identifizieren sind, sieht es bei Schafgarbe, Beinwell und Waldmeister schon ganz anders aus. Auf einer geführten Kräuterwanderung lernen Sie von einem Experten nicht nur, wie Sie die Schätze der Natur erkennen, sondern erfahren auch mehr über Unterscheidungsmerkmale, Wirkung und Zubereitung von Kräutern.

Tipp: Wie wäre es mit einem anschließenden Kräuterkochkurs, bei dem Sie lernen, wohltuende Tees und leckere Wildkräuterrezepte zuzubereiten?

25. Ein Instrument lernen

„Was Hänschen nicht lernt, lernt Hans nimmer mehr", lautet ein bekanntes Sprichwort, das Sie getrost bei Seite schieben sollten. Auch wer schon ein bisschen älter ist, kann definitiv noch ein Instrument lernen. Zahlreiche Studien belegen sogar, dass Musizieren nicht nur für mehr Lebensfreude sorgt, sondern auch dazu beiträgt, im Alter fit zu bleiben. Von jüngeren Schülern heben Sie sich insofern ab, als dass Sie aus eigenem Antrieb heraus lernen und nicht, weil Ihre Eltern Sie dazu drängen. Um ein Musikinstrument richtig zu erlernen und rasch Fortschritte zu machen, nehmen Sie am besten Unterricht bei einem geduldigen Lehrer, der das Lerntempo und die Auswahl der Musikstücke auf die Bedürfnisse und Wünsche älterer Schüler abstimmt. Prinzipiell steht Ihnen die ganze Bandbreite an Musikinstrumenten offen. Ohne Vorkenntnisse eignen sich für Erwachsene vor allem Blockflöte, Gitarre, Klavier oder Trommel. Für welches Instrument Sie sich auch entscheiden: Schließen Sie sich, sobald Sie etwas Übung haben, doch einem Orchester an. Gemeinsames Musizieren eignet sich zudem perfekt dazu, um neue Kontakte zu knüpfen und geistig sowie motorisch lange fit zu bleiben.

26. Golf spielen

Klischees hin oder her. Golfen wird als Sportart oftmals unterschätzt. Um eine 18-Loch-Runde auf dem Golfplatz zu absolvieren, sind Sie mehrere Stunden an der frischen Luft unterwegs – ein prima Training fürs Herz-Kreislauf-System! Golfen schult zudem die Konzentration und hilft dabei, abzuschalten und Stress abzubauen. Außerdem pflegen Golfer ein sehr aktives Sozialleben, sei es auf dem Platz oder im Club. Golfen ist auch eine der wenigen Sportarten, bei denen sich die ältere Generation durchaus mit der jüngeren messen kann. Denn was beim Golfen zählt, sind mentale Stärke und Technik. Um Letztere durch viel Training zu verbessern, sind Sie als Ruheständler klar im Vorteil!

Tipp: Bei einem Golf-Schnupperkurs haben Sie die Möglichkeit, herauszufinden, ob Ihnen der Golfsport liegt. Eine eigene Ausrüstung brauchen Sie hierzu noch nicht.

27. Neue Freunde finden

Auch wenn Sie Ihre sozialen Kontakte in den letzten Jahren etwas vernachlässigt haben: Es ist nie zu spät, um neue Freunde und Bekannte zu finden. Der beste Weg hierfür ist, Gelegenheiten zu schaffen, bei denen man neue Leute kennenlernt. In diesem Buch finden Sie hierzu jede Menge Ideen für Kurse, Veranstaltungen und ehrenamtliche Tätigkeiten. Gemeinsame Hobbys und Interessen sind eine gute Basis für eine Freundschaft. Behalten Sie im Hinterkopf, dass zum Beispiel Ihre Mitstreiter im Spanischkurs auch Interesse an neuen Bekanntschaften haben könnten. Trauen Sie sich, den Anfang zu machen und schlagen Sie vor, nach dem Kurs gemeinsam noch etwas trinken zu gehen. Wenn Sie etwas expliziter suchen möchten oder nicht gerne derjenige sind, der den ersten Schritt macht, schauen Sie doch einmal in entsprechenden lokalen Facebook-Gruppen oder Internetportalen wie www.lebensfreunde.de oder www.50plus-treff.de nach Gesuchen.

28. An einem Tagesausflug teilnehmen

Wenn Sie hierbei an Kaffeefahrten denken und alle Alarmglocken schrillen, seien Sie beruhigt! Mit diesem Vorschlag sind keineswegs jene Einladungen zu kostenlosen Tagestouren gemeint, die in ihrem Briefkasten landen und sich als Verkaufsveranstaltungen entpuppen. Schauen Sie doch mal wieder im Reisebüro Ihres Vertrauens vorbei oder werfen einen Blick in die Lokalzeitung. Vielfach werden dort tolle Tagesreisen angeboten.

Die Vorteile von Tagesreisen mit dem Bus liegen auf der Hand:

- Reisen mit dem Bus ist entspannter als selbst zu fahren.
- Auch kurzfristige Reisen sind möglich.
- Busreisen haben einen hohen Geselligkeitsfaktor. Sie lernen mit Sicherheit neue Menschen kennen.
- Busreisen sind ideal, um einfach einmal rauszukommen und einen unbekannten Ort zu erkunden.

Die Bandbreite an spannenden und erholsamen Angeboten ist riesig: Zum Beispiel können Sie je nach Region auf den Weihnachtsmarkt nach Nürnberg, in das schöne Eifelstädtchen Monschau, ins Disneyland Paris, an den Chiemsee oder für einen Tag an die Ostsee fahren.

29. Eine Alpakawanderung machen

Lassen Sie die bequeme Couch links liegen und machen Sie bei einer gemeinsamen Wanderung Bekanntschaft mit Alpakas. Die kleineren Verwandten von Lamas haben nicht nur ein flauschiges Fell und schwarze Kulleraugen, sondern zeichnen sich auch durch ein sehr sanftmütiges Wesen aus, was sie zu perfekten Wanderbegleitern macht. Seien Sie unbesorgt, falls Ihre Kondition nicht die beste ist. Eine Alpakawanderung gleicht eher einem gemütlichen Spaziergang als einem Sprint. Vielmehr erleben Sie bei einer Wanderung mit Alpakas, wie es sich anfühlt, die Kontrolle abzugeben und sich ganz nach den Tieren zu richten. Die gutmütigen Andentiere sind nämlich sehr gemächlich unterwegs und legen auch gerne mal eine Pause ein, wenn sie gerade keine Lust haben oder es ihnen zu hektisch wird. Bei einer geführten Wanderung erfahren Sie zudem allerhand Wissenswertes und haben im Anschluss vielleicht noch die Möglichkeit, ein paar kuschelige Alpakasocken zu ergattern.

30. Ein Wellness-Wochenende buchen

Sie haben lange genug geschuftet. Jetzt ist die Zeit gekommen, um die Füße hochzulegen und in einen flauschigen Bademantel zu schlüpfen. Checken Sie für ein Wochenende in einem Wellnesshotel ein und lassen Sie es sich im Wellnessbereich mit (Whirl-)Pool, Sauna, Dampfbad und Fitnessraum gut gehen. Vielleicht ist Ihnen auch danach, sich eine wohltuende Massage oder Kosmetikbehandlung zu gönnen. Für ein bisschen Abwechslung sorgen ausgedehnte Spaziergänge in der Natur, bevor es dann zum Dinner ins hoteleigene Restaurant geht. Abends fallen Sie dann todmüde ins Bett und können am nächsten Morgen gut erholt in den zweiten Wellnesstag starten.

31. Glamping

Glamping (Abkürzung für *Glamorous Camping*) vereint das bekannte Campen in der Natur mit einem Hauch von Glamour. Oder anders ausgedrückt: Wenn Sie Erlebnisse in der Natur lieben, aber mit einem harten Zeltboden und Gemeinschaftsduschen nicht so viel anfangen können, ist Glamping genau das Richtige für Sie. Im Gegensatz zum normalen Campen fängt der Luxus beim Glamping schon bei der Anreise an. Das vermottete Zelt und die unbequeme Isomatte können Sie nämlich zu Hause lassen. Stattdessen erwarten Sie luxuriöse Loft-Zelte, in denen oftmals sogar ein eigenes Badezimmer untergebracht ist. Alternativ gibt es Glamping-Angebote in liebevoll restaurierten Wohnwagen oder komfortablen Baumhäusern.

Die Nachfrage nach dieser glamourösen Art des Campens steigt stetig an, sodass Sie mittlerweile an vielen Orten auf der ganzen Welt interessante naturnahe Unterkünfte finden. Eine deutsche Webseite mit Unterkünften in Europa ist https://glamping.info/.

32. Konzerte besuchen

Es gibt Dinge im Leben, die muss man einfach live erleben. Neben Fußballspielen im Stadion gehören hierzu definitiv Konzerte. Bei der Stimmung in einer Konzerthalle nimmt man die Musik ganz anders wahr, als wenn man seine Lieblingsband nur über die heimische Musikanlage hört. Es gibt doch nichts Schöneres, als wenn die Musik durch den ganzen Körper fließt und man inmitten einer Horde Gleichgesinnter laut mitsingt. Das ist Gemeinschaft und Lebensfreude pur. Da wünscht man sich glatt, noch einmal jung zu sein und diese wochenlange Vorfreude bis zum langersehnten Konzert noch einmal zu erleben. Doch warum in der Vergangenheit schwelgen? Wenn Größen der Musikgeschichte wie die Rolling Stones, Elton John, Bruce Springsteen, Sting oder U2 mit über 60 noch die Bühne rocken, können Sie auch vor der Bühne für Stimmung sorgen. Bei Konzerten der Musikurgesteine tummeln sich neben Fans der allerersten Stunde meist auch allerhand junge Leute.

Übrigens: Die offiziell dienstälteste Rockband der Welt, die deutsche Beat- und Rockband The Lords, feierte 2019 ihr 60. Bühnenjubiläum und ist immer noch „on Stage". Sie werden überrascht sein, wie viele Bands und Sänger, die Sie noch von früher kennen, heute noch immer aktiv sind. Vielleicht haben Sie ja auch Lust, einmal in die Musik von heute oder in ein ganz neues Genre hineinzuschnuppern? Im Gegensatz zur jüngeren Generation haben Sie als alter Konzerthase sogar einen entscheidenden Vorteil: Sie kommen aus einer Zeit ohne Smartphones und wissen noch, wie es ist, ein Konzert ganz im Hier und Jetzt zu erleben, anstatt ständig das Handy hochzuhalten und dafür ein Stück des gegenwärtigen Moments zu opfern.

33. Ins Planetarium gehen

Meistens ist es in der Großstadt viel zu hell, um den Sternenhimmel in voller Pracht zu beobachten. Ganz anders ist die Situation in einem Planetarium. Während draußen die Sonne scheint oder der Nachthimmel von Regenwolken bedeckt ist, kann man in der riesigen Kuppel eines Planetariums – modernster Technik sei Dank – den Sternenhimmel in einer 360-Grad-

Ansicht bestaunen. Je nach Veranstaltung bekommen Sie seltene Himmelsphänomene oder romantische Sonnenaufgänge zu sehen oder können mehr über die Geschichte des Urknalls erfahren. Die Darstellungen gehen hierbei weit über das hinaus, was sonst im Alltag mit dem bloßen Auge sichtbar ist.

34. Auf einem Hausboot Urlaub machen

Ahoi, die See ruft! Ein Hausboot ist Hotel und Fortbewegungsmittel zugleich. Auf einer schwimmenden Unterkunft ist Ihnen ein Logenplatz am Wasser jederzeit gewiss. Stellen Sie sich vor, wie Sie abends mit einem Glas Wein den Sonnenuntergang über dem See bestaunen oder ins kühle Nass abtauchen können – wann immer Sie wollen. Außerdem haben Sie genug Zeit, um Flora und Fauna in Ruhe zu bestaunen. Genießen Sie die Stille auf dem Wasser fernab der belebten Badeplätze. Was zu schön klingt, um wahr zu sein, ist in vielen Regionen, zum Beispiel an der Mecklenburgischen Seenplatte, sogar ohne Bootsführerschein möglich; vorausgesetzt, das Boot überschreitet eine Länge von 15 Meter und eine Höchstgeschwindigkeit von 12 km/h nicht.

35. Einem Hund ein Zuhause geben

Die Bedürfnisse eines Hundes mit dem Berufsleben zu vereinbaren, ist nicht gerade einfach. Wie man es auch dreht: Regelmäßige Gassirunden sind mit einem Vollzeitjob nur sehr schwer umzusetzen. Wenn sie nicht mehr arbeiten, haben Sie viel mehr Zeit, um einem vierbeinigen Gefährten gerecht zu werden und die Zeit miteinander zu genießen. Verschiedene Studien besagen, dass Hunde wahre Jungbrunnen für Senioren sind. Wer im Alter einen Hund hält, pflegt mehr Kontakte und ist deutlich aktiver.

Dennoch will die Entscheidung, sich ein Haustier – und im Besonderen einen Hund – anzuschaffen, gut überlegt sein. Prüfen Sie, ob Ihr Zuhause genügend Platz bietet, und rechnen Sie die Kosten für Tierarztbesuche, Steuern sowie für Hundefutter aus. Bedenken Sie auch, dass ein Hund bis zu 15 Jahre oder noch älter wird. Neben Hunderassen, die von Natur aus ruhiger sind und weniger Auslauf benötigen, wie Malteser, Yorkshire Terrier, Pudel oder Zwergspitze, kann es von Vorteil sein, einen älteren Hund aufzunehmen, der bereits trainiert und stubenrein ist. Lassen Sie sich am besten in einem Tierheim beraten, welcher Hund zu Ihnen passt. Gerade ältere Hunde warten dort schon etwas länger.

36. Tiersitter werden

Wollen Sie als Rentner noch regelmäßig die Welt entdecken, dann kann dies mit einem eigenen Haustier schwierig werden. Eine Möglichkeit, um dennoch Zeit mit Tieren zu verbringen, ist ein Nebenjob als Tiersitter. Gerade Berufstätige freuen sich, wenn ihr Liebling tagsüber nicht allein ist und genügend Auslauf bekommt. Gesuche nach Tiersittern finden Sie häufig in Lokalzeitungen oder Aushängen im Supermarkt. Alternativ können Sie auch selbst eine Anzeige aufgeben oder Hundehalter in der Nachbarschaft fragen. Häufig sind auch Tierheime dankbar für ehrenamtliche Helfer, die regelmäßig Zeit haben, um mit Hunden, die auf ein neues Zuhause warten, Gassi zu gehen.

37. Bloggen

Die ersten Blogs gab es bereits in den 1990er-Jahren. Seitdem hat sich das persönliche Online-Tagebuch zu einem beliebten Hobby entwickelt – zunehmend auch bei der Generation 50+. Mit einem Blog können Sie spannende Geschichten aus Ihrer Vergangenheit erzählen, Gedanken aus dem Alltag teilen oder Ihre erworbenen Kenntnisse weitergeben. Konkret könnten Sie zum Beispiel Ihre liebsten Rezepte teilen, Modetipps geben oder Rezensionen zu Büchern schreiben. Ob Sie nur ein Themengebiet bedienen oder alle Themen, die Sie beschäftigen, liegt bei Ihnen.

Keine Angst, Bloggen ist kein Hexenwerk. Sie benötigen dafür weder Programmierkenntnisse, noch müssen sie ein abgeschlossenes Designstudium vorweisen. Auf Plattformen wie „wordpress.com" (bitte nicht verwechseln mit wordpress.org) oder blogger.com können Sie sogar sofort loslegen. Auch in der kostenlosen Version können Sie mit den vorhandenen Vorlagen schnell ein ansprechendes Design erstellen. So können Sie herausfinden, ob Ihnen das digitale Texten Spaß macht. In der Regel herrscht ein reger Austausch in der Bloggerszene, sodass Sie hervorragend Kontakte zu Gleichgesinnten knüpfen können.

In den meisten Volkshochschulen gibt es auch Kurse, die Anfängern in wenigen Stunden die wichtigsten Blogging-Grundlagen vermitteln. Hier erhalten Sie auch jede Menge Tipps, wie Sie erste Leser auf sich aufmerksam machen können.

Beispiele für tolle „Best Ager"/Ü50- Blogs:

- https://www.sweetsixty.de/
- https://www.walkingonclouds.tv/
- https://ute-donath.de/
- https://lady50plus.de/

38. Einen YouTube-Kanal starten

Wenn Sie lieber drauflosquatschen und Ihnen ein leeres Blatt bzw. ein leerer Bildschirm ein Graus sind, könnte statt eines Blogs die Videoplattform YouTube das richtige digitale Zuhause für Sie sein. Lassen Sie sich nicht von dem Irrglauben verunsichern, dass sich auf YouTube nur Teenager tummeln. Die Gruppe der Ü60Jährigen konsumiert nicht nur fleißig Videos zu verschiedenen Themen, sondern ist dort auch selbst zunehmend präsenter. In der Themenwahl sind Sie, wie auch auf einem Blog, völlig frei. Sie könnten Modetipps an Gleichaltrige weitergeben oder mit einem Kochkanal durchstarten. Wie wäre es zum Beispiel mit einem Videotagebuch über Ihren Start in den Ruhestand. Sie könnten vor der Kamera über Ihre Erfahrungen sprechen, Tipps zum Eintritt in den Ruhestand geben und sich selbst dabei filmen, wie Sie neue Dinge ausprobieren.

Schauen Sie sich doch einfach einmal den YouTube-Kanal von Greta Silver „Greta Silver – zu jung fürs Alter“ an. Hier finden Sie mittlerweile über 500 Videos zu Themen wie dem Umgang mit dem Älterwerden oder Persönlichkeitsentwicklung.

39. Ein Jodeldiplom machen

Nein, Jodeldiplom steht in diesem Fall nicht sinnbildlich für einen wertlosen, gekauften Bildungsabschluss wie in Loriots Sketch, sondern für ein echtes, vorzeigbares Diplom, das Ihre Kenntnisse in der Kunst des Jodelns belegt. Jodeln ist aktuell voll im Trend. Ein Glück, denn lange Zeit galt es als altmodisch und rückständig und ist daher fast in Vergessenheit geraten. Folgen Sie dem Ruf der Berge und erlernen Sie inmitten einer traumhaften Kulisse die Kunst des Jodelns. Im Kurs lernen Sie alles Wissenswerte über Atemtechniken und die Geschichte des Jodelns, bevor Sie sich verschiedene Jodeltechniken aneignen. Ab dann gilt: Lassen Sie los und jodeln Sie Ihre Lebensfreude in die Welt hinaus. Sie werden erstaunt sein, wie viel Kraft in Ihrer Stimme steckt und wie befreiend das Jodeln sein kann.

40. Wikipedia-Autor werden

Was ist ein „Comb-Over"? Wer war Jan Vermeer? Und wie viele Einwohner hat eigentlich Usbekistan? Noch nie war es so einfach, Antworten zu bekommen, ohne das Sofa auch nur zu verlassen. Vorbei sind die Zeiten, als hierfür noch der Gang zum Brockhaus-Regal oder sogar in die Bibliothek nötig war. Bei Wissensfragen aller Art ist in der Regel die Online-Enzyklopädie Wikipedia die erste Anlaufstelle. Anders als bei den Enzyklopädie-Urgesteinen wie Brockhaus und Co. arbeiten bei Wikipedia keine festen Mitarbeiter. Die Enzyklopädie ist vielmehr das Werk freiwilliger Autoren – Sie können gerne Teil dieser Community werden. Vielleicht gibt es einen schwedischen Dichter, den Sie vergeblich gesucht haben, oder einen Artikel über ein kleines Dorf in Bayern, das Sie kennen und bei dem Bilder fehlen. Greifen Sie zur Tastatur und lassen Sie die Welt an Ihrem Wissen teilhaben. Hierzu müssen Sie nicht zwingend komplette Texte schreiben, auch kleine Ergänzungen, die Korrektur von Grammatikfehlern oder das Hochladen von Bildmaterial helfen, die Qualität der Inhalte zu verbessern. Wenn Sie nicht nur als Einzelkämpfer unterwegs sein wollen, können Sie sich auch mit anderen Autoren für Projekte oder als Redaktionsteam zusammenschließen oder sogar an lokalen Autorentreffen teilnehmen.

Weitere Informationen sowie Links zu einem Tutorial und dem Wikipedia-Autorenprogramm finden Sie hier: https://de.wikipedia.org/wiki/Wikipedia:Beteiligen.

41. Die Polarlichter bestaunen

Jeder, der Polarlichter mit seinen eigenen Augen bestaunen durfte, wird bestätigen können: Die grün- glitzernden Lichter sind eines der atemberaubendsten Naturschauspiele überhaupt. Die besten Orte, um auf der Nordhalbkugel (Aurora borealis) die Polarlichter zu bestaunen, liegen in Skandinavien, Alaska oder Kanada. Allerdings gibt es keine Garantie dafür, dass Sie während Ihrer Reise in die Polarregion auch wirklich Polarlichter sehen werden. Die größten Chancen hierfür haben Sie statistisch gesehen in den Monaten von September bis März. Die beste Reisezeit für die Polarlichter auf der Südhalbkugel (Aurora australis) ist dementsprechend von März bis September. Mögliche Orte, an denen Sie das Naturschauspiel auf der Südhalbkugel zu sehen bekommen, sind Australien, Neuseeland, Südgeorgien, die Falklandinseln, Argentinien oder die Antarktis.

42. Ein Krimidinner besuchen

Sie lieben es, zu rätseln und vergessen bei einem guten Krimi glatt die Zeit? Dann seien Sie doch einmal live dabei. Bei einem Krimidinner bekommen Sie nicht nur ein vorzügliches Menü serviert, sondern sind auch Teil einer ganz besonderen Inszenierung. Während Sie Ihr Mahl genießen, spielt sich live ein Kriminalfall ab – und Sie sind mittendrin. Professionelle Schauspieler inszenieren ein interaktives Theaterstück, bei dem Sie mit Ihren Tischnachbarn wild spekulieren dürfen, wer denn nun der Täter ist. Doch Vorsicht: Der Mörder sitzt vielleicht auch mitten unter Ihnen.

43. Ein Krimdinner zu Hause veranstalten

Wie wäre es alternativ mit einem Krimidinner bei Ihnen zu Hause? Laden Sie ein paar Freunde ein und lösen Sie dabei gemeinsam einen spannenden Kriminalfall. Spiele mit verheißungsvoll klingenden Namen wie „Totentanz auf der Titanic", „Tod im London-Express" oder „Tödliches Alpenglühen" erhalten Sie zum Beispiel über den Blaubart Verlag für ca. 30 Euro. Der Ablauf des Spiels sieht in etwa wie folgt aus: Es wurde ein Mord verübt und einer von Ihnen ist der Täter. Ziel des Spiels ist es, herauszufinden, wer der Mörder ist, bzw. zu versuchen, den Verdacht von sich zu lenken. Jeder Mitspieler erhält bereits mit der Einladungskarte eine Rollenbeschreibung inklusive Verkleidungstipps, sodass der Abend – ein gewisses schauspielerisches Talent vorausgesetzt – zu einem unterhaltsamen Event wird.

44. Einen Kochkurs besuchen

Nicht nur zu essen, sondern auch zu kochen macht glücklich. Nun haben Sie endlich genug Zeit, um wieder öfter den Kochlöffel zu schwingen. Wie wäre es, wenn Sie die Gelegenheit nutzen, um Ihren kulinarischen Horizont zu erweitern? Länderbasierte Kochkurse bieten Einblicke in die charakteristischen Eigenschaften und Zutaten der jeweiligen Küche. Alternativ können Sie sich in die vegane oder ayurvedische Küche einführen lassen. Beliebt sind auch Kochkurse mit Starköchen. Für welchen Kurs Sie sich auch entscheiden, Ihre Lieben zu Hause werden von den neuen kulinarischen Genüssen sicher überrascht sein.

45. An einer Weinprobe teilnehmen

Das Leben ist zu kurz, um schlechten Wein zu trinken. Doch was macht einen guten Wein aus? Es wird Zeit, um auf einer Weinprobe die Praxis mit etwas Theorie zu verknüpfen. Erfahren Sie zunächst einmal, wie man Wein überhaupt verköstigt. Anschließend geht der Winzer je nach Schwerpunkt der Veranstaltung zum Beispiel darauf ein, wie man einen hochwertigen Tropfen erkennt, welche Besonderheiten eine bestimmte Weinregion aufweist und welcher Wein mit welchem Gericht kombiniert werden kann. Mit diesem Wissen können Sie nicht nur auf jeder Dinnerparty glänzen, sondern im Weinhandel souverän zum passenden Wein greifen.

Tipp: Wie wäre es, wenn Sie die Weinprobe mit einer Reise in ein Weinanbaugebiet verbinden? Neben Weinproben in urigen Weinkellern können Sie endlose Wanderungen durch die Weinberge machen und malerische Weindörfchen entdecken. Die beste Zeit für eine Wanderung durch die Weinberge ist ab Mitte September, kurz vor oder während der Weinlese.

Die 13 Weinanbaugebiete Deutschlands:

- Ahr
- Baden
- Franken
- Hessische Bergstraße
- Mittelrhein
- Mosel
- Nahe
- Pfalz

- Rheingau
- Rheinhessen
- Saale-Unstrut
- Sachsen
- Württemberg

46. Einen Personal Trainer buchen

Kraftverlust, nachlassende Kondition, Knieprobleme, Muskelabbau: Nehmen Sie diese Gesundheitsprobleme nicht einfach als altersbedingte Begleiterscheinungen hin. Werden Sie stattdessen aktiv! Leichtes Krafttraining steigert auch im höheren Alter die Muskelkraft und die Knochenfestigkeit. Hierdurch können Sie sich nicht nur lange Ihre Beweglichkeit und Selbständigkeit bewahren, sondern mindern auch das Risiko von Stürzen und geben Ihrem Selbstbewusstsein einen Schub. Ein Personal Trainer hilft Ihnen dabei, die Übungen individuell an Ihr Alter, Fitnesslevel und an Ihre Beschwerden anzupassen. Weiterhin korrigiert der Fachmann Ihre Haltung, was gerade am Anfang sehr wichtig ist.

47. WWOOFing

WWOOFF, was? Hinter diesem nach Hundelauten klingenden Begriff (World Wide Opportunities on Organic Farms) verbirgt sich eine Organisation, die Biobauernhöfe und Menschen, die gegen Kost und Logis ein wenig anpacken wollen, zusammenbringt. So haben Sie nicht nur die Möglichkeit, günstig zu reisen, sondern kommen einerseits mit Einheimischen und WWOOFers aus anderen Ländern in Kontakt und tragen andererseits Ihren Teil zu einer nachhaltigeren Welt bei. Auf vielen Höfen haben Sie auch die Möglichkeit, außerhalb der Arbeitsstunden Zeit mit der Familie zu verbringen und am Hofalltag teilzunehmen. Das Angebot richtet sich ausdrücklich an Freiwillige aller Altersgruppen. Auch wenn Sie nicht schwer körperlich arbeiten können oder möchten, findet sich im weltweiten WWOOF-Netzwerk mit Sicherheit ein Hof mit passenden Aufgaben für Sie. Die Aufgaben variieren nämlich je nach Land und Ausrichtung der Höfe stark. So kann Ihre Aufgabe darin bestehen, einen Kräutergarten in Schuss zu halten, Oliven zu ernten, Tiere zu versorgen oder im Hofladen auszuhelfen.

Eine länderübergreifende Internetseite gibt es leider nicht. Unter http://wwoofinternational.org/ gelangen Sie zu den einzelnen nationalen WWOOF-Seiten mit Informationen zu den jeweiligen Ländern.

48. Eine Weiterbildung an einer Fernschule beginnen

Noch einmal die Schulbank drücken, für Prüfungen lernen und sich durch lange Texte wälzen? Für die allermeisten Berufstätigen ist das unvorstellbar. Doch jetzt – im Ruhestand – ist die Situation eine völlig andere. Ohne berufliche Verpflichtungen ist bei vielen Rentnern auf einmal viel mehr Zeit und vor allem auch Muße vorhanden, um endlich das zu erlernen, was sie schon immer interessiert hat – sei es, das Latinum, biografisches Schreiben, Tierpsychologie oder Gartengestaltung: Für beinahe jedes Interessengebiet gibt es Weiterbildungsangebote. Lassen Sie sich die notwendigen Studienunterlagen nach Hause schicken. Sie können das Material dann in Ruhe in Ihrem Tempo durcharbeiten Je nach Lehrgang kann es auch sein, dass die Vermittlung des Lernstoffs durch Online-Programme und Videos unterstützt wird. Natürlich bekommen Sie auch Hausaufgaben auf, die Sie ebenfalls online oder per Post an das Institut zurücksenden. Auch ohne berufliche Ambitionen macht es nicht nur Spaß, einer Leidenschaft nachzugehen, sondern es ist auch ein tolles Gefühl, für die erbrachte Leistung mit einem Abschlusszertifikat belohnt zu werden.

49. Ins Disneyland reisen

Wenn Sie sich jetzt fragen, ob Sie dafür nicht schon etwas zu alt sind – Stopp! Fürs Disneyland ist man nie zu alt! Im Gegenteil: Der Mäusekonzern hat mittlerweile die Zielgruppe der Ü65Jährigen für sich entdeckt und investiert kräftig, um auch den Interessen und Bedürfnissen älterer Disney-Fans gerecht zu werden. Neben den altersübergreifenden Themenwelten lockt Disneyland Sie mit Festivals, edlen Restaurants und Shows (zum Beispiel mit einem König-der-Löwen-Festival im Disneyland Paris). Als Senior haben Sie gegenüber Eltern mit Schulkindern den Vorteil, dass Sie auch abseits der Hauptsaison fahren können und sich so das stundenlange Anstellen an einigen Attraktionen ersparen.

50. Ein Autokino besuchen

Eine flackernde Leinwand unter freiem Himmel, prächtige Oldtimer und knutschende Teenager in der letzten Reihe. Erinnern Sie sich noch? Autokinos stehen nicht nur sinnbildlich für den American Way of Life, sondern versprühen auch einen Hauch Nostalgie, denn leider sind Autokinos mittlerweile eher aus der Mode gekommen – völlig zu Unrecht: Ein Besuch im Autokino ist die perfekte Mischung aus Privatsphäre und gemeinschaftlichem Kinoerlebnis. Keinen stört es, wenn Sie Ihre bequeme Jogginghose anbehalten oder Ihre Lieblingssnacks von zu Hause mitbringen. Vielleicht haben Sie ja das Glück, in der Nähe eines der verbleibenden Autokinos zu wohnen. Eine Vorstellung im Autokino ist sowohl in einer Sommernacht als auch im Winter mit Kuscheldecke und Thermoskanne ein ganz besonderes Erlebnis.

51. Ein altes Möbelstück restaurieren

Die Truhe vom Flohmarkt, der geerbte Sekretär oder Vaters alter Fernsehsessel – alte Möbelstücke haben eine Geschichte. Es wäre viel zu schade, und das nicht nur aus Gründen der Nachhaltigkeit, sie durch neue zu ersetzten. Schließlich versprühen alte Möbel einen Charme, mit dem kein Einrichtungsgegenstand vom bekannten Möbelhaus aus Schweden mithalten kann. Wenn Sie vor dem Restaurieren unsicher sind, ob es sich um ein (materiell) wertloses Möbelstück handelt oder ob Sie eine Antiquität bearbeiten, fragen Sie im Zweifel besser einen Fachmann. Er kann Ihnen im zweiten Fall bei der Restaurierung zur Seite stehen oder Kontakte vermitteln. Ansonsten sind Ihrer Kreativität keine Grenzen gesetzt. So kann der alte Sessel mit einem neuen Anstrich und einem neuen Bezug ganz schnell zum Lieblingsstück werden.

52. Den Unterschied zwischen Einsamkeit und Alleinsein erkennen

Mit dem Übergang in den Ruhestand fällt ein entscheidender Zeitfresser weg: Der tägliche Gang zur Arbeit. Auf einmal haben Sie nicht nur viel mehr Zeit, sondern auch viel weniger Menschen um sich herum. Eine ungewohnte Situation, die erst einmal beängstigend sein kann. Bevor Sie beginnen, Angst vor dem Alleinsein zu entwickeln, halten Sie zunächst einmal inne. Es gibt nämlich einen entscheidenden Unterschied zwischen Alleinsein und Einsamkeit. Während Einsamkeit das Gefühl beschreibt, sich (auch unter Menschen) isoliert und nirgendwo zugehörig zu fühlen, bezeichnet Alleinsein lediglich einen Zustand. Sie können in Ruhe ein Buch lesen, ohne sich dabei einsam zu fühlen. In unserer Gesellschaft entsteht leider viel zu oft der Eindruck, dass das Alleinsein weniger wert ist. Wer allein ins Kino geht, in einem Café sitzt oder eine Wanderung macht, wird oft bemitleidet. Dabei ist die Zeit, die man bewusst allein verbringt, eine prima Gelegenheit, um sich auf sich selbst zu konzentrieren, Kraft zu sammeln und kreativ zu werden. Sie werden merken, wie toll auch Erlebnisse sein können, die man allein erlebt und mit niemandem teilt.

53. Einen Schrebergarten mieten

Typisch deutsch, spießig, Gartenzwerge, wohin man auch blickt – der Schrebergarten ist so klischeebeladen wie kaum ein anderer Ort. Dabei hat er sich in den letzten Jahren deutlich vom Image des Spießeridylls gelöst. Mittlerweile haben auch junge Familien und Studenten erkannt, dass Schrebergärten preisgünstige Rückzugsorte im Großstadtdschungel sind. Das gesteigerte Interesse wirkt sich leider auch auf die Länge der Wartelisten aus. In Großstädten wie München, Hamburg oder Berlin muss man teilweise mehrere Jahre auf eine freie Parzelle warten. Aber vielleicht haben Sie ja Glück. Ein Schrebergarten bietet Ihnen nämlich nicht nur die Möglichkeit, eigenes Obst und Gemüse anzubauen, sondern kann auch zu einem geselligen Vereinsleben mit gemeinsamen Festen und Aktivitäten führen.

Alle Ortsvereine mit Informationen zu Wartelisten und den jeweiligen Formalitäten finden Sie auf der Webseite des Bundesverbandes Deutscher Gartenfreunde e.V. (https://www.kleingarten-bund.de/de/).

54. In einem Eishotel übernachten

Ein bisschen Abenteuer gefällig? Wenn Sie bislang eher den warmen Süden dem kalten Norden als Urlaubsdestination vorgezogen haben, ist die Übernachtung in einem Eishotel genau das Richtige, um wieder einmal gewohnte Pfade bzw. die eigene Komfortzone zu verlassen.

Die vergänglichen Gebäude gleichen kleinen Kunstwerken und sind natürlich dort angesiedelt, wo es vor allem eines ist: kalt. Wenn Sie also schon immer einmal nach Schweden, Norwegen oder Kanada wollten, ist dies die perfekte Übernachtungsmöglichkeit – zumindest für eine kurze Zeit. In den Zimmern, die selbstverständlich fast vollständig aus Eis bestehen, herrschen –7 Grad. Damit Sie es nachts dennoch gemütlich haben, sind die Zimmer mit Fellen und Schlafsäcken ausgestattet. Wenn Sie sich nach Temperaturen im zweistelligen positiven Bereich sehnen, können Sie eine traditionelle Mahlzeit im beheizten Restaurant genießen oder sich in Whirlpool und

Sauna aufwärmen. Ein Erlebnis, das Sie bei Ihrem Aufenthalt auf keinen Fall verpassen sollten, ist ein Drink in der Eisbar.

Eishotels im deutschsprachigen Raum und in Skandinavien finden Sie beispielsweise unter https://www.schneehoehen.de/

55. Eine Stadtrundfahrt oder Stadtführung in der eigenen Stadt machen

Sie fragen sich jetzt vermutlich, welchen Sinn das hat, wenn Sie doch täglich durch das Zentrum Ihrer Stadt schlendern? Doch seien Sie mal ehrlich: Vermutlich wissen Sie seit Ihrer Rundfahrt im Hamburger Hafen mehr über die Geschichte der Hansestadt als über jene Ihres Wohnortes. Es wird Zeit, dies zu ändern! Mit einer Führung durch Ihre Stadt erleben Sie Ihre Heimat aus einer völlig neuen Perspektive und werden beim nächsten Spaziergang Altbekanntes mit anderen Augen sehen. Falls Sie jetzt Bedenken haben, ob so etwas in Ihrer Kleinstadt oder in Ihrem Dorf überhaupt angeboten wird, schauen Sie auf die Webseite Ihrer Stadt, ins VHS-Programm oder fragen Sie bei kleineren Wohnorten gerne auch beim örtlichen Heimatverein nach.

56. Stadtführer werden

Deutschland als Reiseland boomt. Immerhin gibt es hierzulande sehr viel zu entdecken – mit Sicherheit auch in Ihrem Wohnort. Wenn es in Ihrer Heimat noch keine Stadtführungen gibt und Sie die Stadt oder das Dorf, in dem Sie wohnen, so gut kennen wie kaum ein anderer, dann trauen Sie sich: Werden Sie einfach selbst zum Stadtführer. In Deutschland ist hierfür keine staatliche Ausbildung nötig. Grundsätzlich kann jeder, der sich für den Job als Stadtführer interessiert, diese Tätigkeit ausüben. In Großstädten wie Bonn, Köln oder Berlin werden (beispielsweise von Vereinen) eigene Ausbildungskurse für Stadtführer angeboten, die häufig auch die Möglichkeit bieten, im Anschluss an den Kurs als Stadtführer einzusteigen. In kleineren Städten gestaltet sich das schwieriger. Für diese Fälle gibt es allgemeine Kurse, die Interessenten das nötige Handwerkszeug wie didaktische Grundregeln und Tipps zur Planung, Gestaltung und Vermarktung von Stadtführungen vermitteln. Das erlernte Wissen können Sie anschließend auf Ihren Wunschort übertragen.

57. Sich von TED-Talks inspirieren lassen

Was als Konferenz im hippen Kalifornien begann, ist mittlerweile zu einem weltweit beliebten Format geworden. TED-Talks sind Kurzvorträge, die in wenigen Minuten Inspiration zu den wichtigen Fragen des Lebens geben. Die Themen sind breit gefächert und für jeden verständlich, da komplizierte Sachverhalte auf ein einfaches und unterhaltsames Maß heruntergebrochen werden. Ziel ist es, Ideen zu verbreiten, Menschen zu inspirieren und die Welt ein Stück weit besser zu machen. Die TED-Talks finden in der Regel auf Englisch statt, allerdings arbeiten zahlreiche Freiwillige daran, die Talks in verschiedenen Sprachen zu untertiteln und sie so einem größeren Publikum zugänglich zu machen.

Videos von TED-Talks finden Sie frei verfügbar auf der Hauptseite der TED Conference (https://www.ted.com/) oder auf YouTube (https://www.youtube.com/user/TEDtalksDirector).

Einige der beliebtesten TED-Talks:

- „Versuchen Sie 30 Tage lang etwas Neues“ von Matt Cutts
- „Die Bedeutung von Introvertierten“ von Susan Cain
- „Die Macht der Verletzlichkeit“ von Brené Brown
- „Aussehen ist nicht alles. Glauben Sie mir, ich bin ein Model“ von Camerin Russel
- „Ihre Körpersprache beeinflusst, wer Sie sind“ von Amy Cuddy
- „Die Gefahr des Schweigens“ von Clint Smith
- „Wie große Führungspersönlichkeiten zum Handeln inspirieren“ von Simon Sinek
- „Warum tun wir, was wir tun?“ von Tony Robbins
- „Verbunden, aber allein?“ von Sherry Turkle
- „How to live before you die“ von Steve Jobs

58. Erdbeeren pflücken

Wie oft sind Sie schon an einem Erdbeerfeld vorbeigefahren, auf dem man selbst Erdbeeren pflücken kann? Halten Sie beim nächsten Mal doch einfach an. Erdbeeren frisch vom heimischen Feld schmecken viel besser als das Pendant aus dem Supermarkt. Versprochen! Und obendrein ist es günstiger, die Köstlichkeiten selbst zu pflücken. Wenn Sie nicht schon alle Erdbeeren vorher vernascht haben, verarbeiten Sie Ihre Ausbeute zu leckerer Erdbeermarmelade, backen Sie einen Kuchen oder mischen Sie Erdbeer-Limes.

Die Erdbeer-Saison dauert übrigens von etwa Mitte Mai bis ca. Ende Juli. Falls Sie noch kein Erdbeerfeld erspäht haben, werfen Sie doch mal einen Blick in Ihre Lokalzeitung oder schauen Sie auf den Webseiten von Höfen in Ihrer Nähe nach.

59. Fotografieren lernen

„Das Auge macht das Bild, nicht die Kamera", sagte die Fotografin und Fotohistorikerin Gisèle Freund. Ihre Worte beschreiben sehr gut, was einen guten Fotografen ausmacht. Lassen Sie sich von all der (digitalen) Technik nicht abschrecken. Fotografieren ist nicht so schwer, wie es einem die unzähligen Einstellungen der Kamera und des Smartphones glauben lassen. Statt auf Profi-Equipment kommt es nämlich auch auf das Motiv, den Bildausschnitt, die Lichtverhältnisse und die Bildbearbeitung an. In einem Fotokurs für Anfänger lernen Sie nicht nur, welche verborgenen Einstellungen Ihre Kamera oder Ihr Smartphone besitzen, sondern auch, wie Sie Ihre Fotos mit geringem Aufwand nachbearbeiten können. Beim Fotografieren können Sie sich kreativ wunderbar austoben und nebenbei ein paar bleibende Erinnerungen schaffen.

Eine hervorragende Möglichkeit, um mit anderen Kreativen zu fachsimpeln, sind organisierte Fotowalks. Hinter diesem Begriff verbergen sich gemeinsame Entdeckungstouren von Fotobegeisterten, bei denen wild drauflos geknipst wird. Je nach Fotowalk und Anbieter stehen ein Thema oder eine Location im Fokus des Geschehens, zu dem die Teilnehmer Fotos knipsen.

Neben der Fotografie selbst geht es selbstverständlich auch um den gegenseitigen Austausch und darum, neue Impulse zu erhalten oder neue Fotografiertechniken kennenzulernen.

60. Persönlichkeitsentwicklung

Früher galt, dass man spätestens im Alter von 30 Jahren mitten im Leben steht und sich die Persönlichkeit eines Menschen herausgebildet hat. Mittlerweile weiß man allerdings: Die Entwicklung der eigenen Persönlichkeit ist niemals abgeschlossen. Sie beginnt in der Kindheit und setzt sich über die gesamte Lebensspanne fort. Gerade im Alter finden noch einmal Veränderungen statt – sowohl zum Positiven als auch zum Negativen. Das Gute daran ist: Sie können diesen Prozess zu einem Großteil selbst in die Hand nehmen. Ziel der Persönlichkeitsentwicklung ist es, sich selbst besser kennenzulernen, Ängste zu überwinden, Stärken und Schwächen zu identifizieren und zu akzeptieren sowie unabhängiger und aufgeschlossener zu werden; oder anders ausgedrückt: sich stetig weiterzuentwickeln und seine Möglichkeiten voll auszuschöpfen.

Wer sich der Entwicklung der eigenen Persönlichkeit widmen will, hat mehrere Möglichkeiten. Welcher Weg am besten funktioniert, werden Sie mit der Zeit selbst herausfinden.

An dieser Stelle finden Sie einige Vorschläge:

- Führen Sie intensive Gespräche mit anderen: Lernen Sie neue Standpunkte kennen und erhalten Sie spannende Denkanstöße von Ihren Gesprächspartnern.
- Ein Ehrenamt ausüben: Ein Ehrenamt bringt Sie sowohl menschlich als auch persönlich weiter. Außerdem lernen Sie, sich von einer zu großen Inanspruchnahme abzugrenzen.
- Lesen Sie Bücher: Bücher zur Persönlichkeitsentwicklung gibt es wie Sand am Meer. Durchstöbern Sie entweder die aktuellen Bestsellerlisten oder wählen Sie gezielt ein Thema, das Sie besonders interessiert.

- Verlassen Sie Ihre Komfortzone: Mit jeder schwierigen Situation, die Sie meistern, lernen Sie eine Menge dazu. Verlassen Sie bewusst Ihren Wohlfühlbereich und begeben Sie sich öfter einmal in unbekannte, herausfordernde Situationen.
- Erlernen Sie neue Fähigkeiten: Mit jeder neuen Fähigkeit erweitern Sie nicht nur Ihr Wissen, sondern stärken auch Ihr Selbstvertrauen.
- Besuchen Sie Vorträge oder gönnen Sie sich ein Coaching: Ein Autor hat es Ihnen besonders angetan? Dann schauen Sie doch mal, ob es in Ihrer Nähe Vorträge oder Workshops von ihm gibt. Alternativ kann Ihnen auch ein professioneller Coach dabei helfen, sich selbst die richtigen Fragen zu stellen und zu reflektieren.
- Verbringen Sie längere Zeit im Ausland: Wer längere Zeit im Ausland lebt, lernt vor allem drei Dinge: Toleranz, Offenheit und Flexibilität.

61. Einen Heimwerkerkurs machen

In Ihrer Wohnung oder Ihrem Haus steht demnächst ein handwerkliches Projekt an und Sie überlegen, dafür einen Profi zu engagieren? Halten Sie noch einmal inne. Neben den bekannten „Ladies Nights“ in vielen Baumärkten (zum Beispiel die „Women's Night“ bei Bauhaus, bei der Frauen in entspannter Atmosphäre Handwerkskurse besuchen und das Erlernte direkt ausprobieren können), gibt es auch Kurse, die von beiden Geschlechtern besucht werden können (oftmals sogar kostenlos). Stellen Sie sich vor, wie Sie Ihren Kindern oder Freunden stolz das selbstgeflieste Bad oder das selbstverlegte Laminat präsentieren. Das gesparte Geld können Sie dann in all Ihre anderen verrückten Ideen fließen lassen.

62. Einen (Tandem-)Fallschirmsprung wagen

Zugegeben: Diese Idee verlangt nicht nur ein bisschen Mut, sondern treibt den Adrenalinspiegel mit ziemlicher Sicherheit in unbekannte Höhen. Vielleicht haben Sie schon Wochen vor dem Ereignis schlaflose Nächte und Angstschweiß auf der Stirn. Aber die Angst vor dem freien Fall oder einer Bruchlandung ist bei Fallschirmneulingen, die Jahrzehnte jünger sind, nicht geringer. Dass man einen Fallschirmsprung auch noch im fortgeschrittenen Alter machen kann, beweist zum Beispiel Frank Elstner, der sich mit 70 Jahren in die Tiefe stürzte. Der Rekordhalter, Verduns Hayes, war bei seinem Sprung sogar 101 Jahre alt.

Wer einen Tandemfallschirmsprung machen möchte, muss recht geringe Voraussetzungen erfüllen. So müssen Sie mindestens 1,20 Meter (bei einigen Anbietern auch 1,40 Meter) groß sein und dürfen maximal 90 Kilo wiegen (wobei es auch spezielle Angebote für Springer über 90 Kilo gibt). Vor dem Sprung erhalten Sie selbstverständlich eine kurze Einweisung. Um alles Weitere kümmert sich ein professioneller Tandem-Master (ein speziell lizenzierter Springer, mit dem Sie gemeinsam springen). Genießen Sie die phänomenale Aussicht und die Sekunden im freien Fall, an die Sie sich sicher noch lange erinnern werden.

63. Mit einem Luftschiff fahren

Auch wenn die Ära der Luftschiffe schon sehr lange vorbei ist, sind sie für jeden, der das Glück hat, einen der Riesen vom Boden aus zu erspähen, eine imposante Erscheinung. Vielleicht haben Sie auch schon einmal mit dem Gedanken gespielt, wie es wohl wäre, die Welt wie der Luftfahrtpionier Graf Zeppelin aus der Gondel heraus zu betrachten, während das Schiff sanft durch die Lüfte gleitet. Diese Vorstellung muss kein Tagtraum bleiben! Touristische Fahrten mit Luftschiffen werden an vielen Orten angeboten (wahlweise mit offener oder geschlossener Gondel). Wie wäre es zum Beispiel mit einer Fahrt über Dresden oder den Bodensee?

64. Den Jakobsweg wandern

Bereits seit dem 11. Jahrhundert machen sich Menschen auf und wandern zum Grab des Apostels Jakobus nach Santiago de Compostela. Ob aus religiösen und kulturellen Gründen oder aus einem sportlichen Antrieb heraus – auf dem Jakobsweg zu pilgern wird seit Jahren immer beliebter. Die Tatsache, dass ungefähr 20 Prozent der Pilger über 60 Jahre alt sind, zeigt: Pilgern ist keine Frage des Alters[5] – ganz im Gegenteil! Es gibt zahlreiche Möglichkeiten, um die Intensität der Pilgererfahrung an die eigenen Voraussetzungen anzupassen, ohne dass dies die Erfahrung schmälert:

Distanz: Bedenken Sie, dass eine Pilgerreise kein Wettlauf ist. Auch wenn es etwas länger dauert, werden Sie Ihr Ziel erreichen. Um die begehrte Urkunde („Compostela") zu erhalten, wird eine Mindestdistanz von 100 Kilometer gefordert, die zu Fuß zurückgelegt werden muss. Es verlangt also keiner von Ihnen, dass Sie den kompletten Camino Francés mit einer Länge von 800 Kilometern zurücklegen.

Route: Bei der Route haben Sie die Wahl zwischen verschiedenen Schwierigkeitsgraden. Es führen nicht nur mehrere Wege nach Rom, sondern auch nach Santiago de Compostela. Für Pilgerneulinge eignet sich etwa der 240 Kilometer lange Caminho Portugues mit vergleichsweise wenigen Höhenunterschieden.

Jahreszeit: Meiden Sie die Hitzemonate Juli und August. Besser geeignet sind der Frühling und Herbst. Zudem sind die Pilgerherbergen zu dieser Zeit nicht so überrannt.

Unterkunft: Erholsamer Schlaf ist wichtig, um für die nächste Etappe gerüstet zu sein. Wenn Sie in den klassischen Pilgerherbergen keine Erholung finden, gibt es auf den beliebteren Routen mittlerweile genügend Herbergen und Pensionen mit etwas mehr Komfort.

5 https://jakobsweg-lebensweg.de/pilgerstatistik/

Gepäck: Gerade dann, wenn man mehrere Wochen und/oder in der kälteren Jahreszeit unterwegs ist, kann der Rucksack ganz schön schwer werden. Scheuen Sie sich nicht davor, einen Rucksacktransportservice in Anspruch zu nehmen.

Organisation: Welche Route ist am besten geeignet? Wie finde ich eine Unterkunft? An wen kann ich mich im Notfall wenden? Es kann eine große Erleichterung sein, die Planung in professionelle Hände zu geben.

Training: Auch wenn Sie sich womöglich fitter fühlen als so mancher Jungspund, ist es jedem Pilger zu empfehlen, vor dem Start der Pilgerreise längere Wanderungen zu trainieren und vor allem auch: die Wanderschuhe einzulaufen!

65. Sich einen Kindheitstraum erfüllen

Feuerwehrmann, Kapitän, Lokführer, Baggerfahrer, Kommissar, Schauspieler, Ballerina oder Tierpfleger – meistens hat der jahrzehntelang ausgeübte Beruf wenig mit dem gemeinsam, was wir uns als Kind erträumt haben. Doch sagen Sie niemals nie! Schon gar nicht, wenn es um Kindheitsträume geht. Es gibt durchaus Möglichkeiten – und sei es auch nur für einen Tag –, um in Ihren Traumberuf aus Kindheitstagen reinzuschnuppern. An vielen Flughäfen haben Sie beispielsweise die Möglichkeit, in einem Flugsimulator die Steuerung einer Boeing kennenzulernen. Eine gute Anlaufstelle für die Verwirklichung Ihrer Kindheitsträume sind Erlebnisanbieter wie „mydays", „Jochen Schweitzer" und „erlebnisgeschenke.de". Worauf warten Sie noch? Verwirklichen Sie sich Ihren Herzenswunsch.

66. Töpfern

Lassen Sie mich raten: Sie denken bei diesem Vorschlag vermutlich auch als Erstes an die Töpferszene aus dem Film „Ghost – Nachricht von Sam" und an das Lied „Unchained Melody". Ganz so romantisch wird Ihr erstes Töpfererlebnis vermutlich nicht. Im Gegenteil: Der erste Töpferversuch kann ziemlich frustrierend sein. Haben Sie aber einmal den Dreh raus, dann kann das Töpfern wunderbar entspannend sein und Sie können tolle individuelle (Deko-)Gegenstände erschaffen. Für den Anfang ist es empfehlenswert, einen Kurs zu besuchen. Dort lernen Sie den Umgang mit Material und Werkzeugen und erhalten jede Menge Tipps und Tricks, damit Ihr Kunstwerk auf jeden Fall gelingt. Zudem benötigen die Gefäße Temperaturen von 800 Grad, um gebrannt zu werden, was mit dem heimischen Backofen unmöglich umzusetzen ist.

67. Eine Sprache lernen

Egal, ob Sie 60, 70 oder über 80 Jahre alt sind: Um eine neue Sprache zu lernen, ist man nie zu alt – ganz im Gegenteil. Der Prozess des Sprachenlernens beansprucht die grauen Zellen und sorgt dafür, dass Sie Ihre Neugierde nicht verlieren. Das Schöne am Sprachenlernen im Ruhestand ist: Sie brauchen sich keine Gedanken mehr um Karrierechancen zu machen. Statt Business-Englisch kann es dann auch mal Griechisch oder Norwegisch sein. Es ist auch weitaus angenehmer, in aller Ruhe vormittags ein paar Vokabeln zu pauken, als am Wochenende zwischen Hausarbeit und Freizeitstress. Wichtig ist, dass Sie sich die Zeit nehmen, die Sie benötigen. Sie müssen keine Prüfung mehr ablegen oder sich mit anderen (jüngeren) Teilnehmern messen. Freuen Sie sich auf das verdutzte Gesicht des Kellners, wenn Sie beispielsweise im nächsten Ägyptenurlaub in der Landessprache bestellen.

68. Eine Sprachreise machen

Anders als bei einem Sprachkurs in Deutschland hört das Sprachenlernen im Ausland nicht an der Türschwelle der Sprachschule auf. Ob beim Essen im Restaurant, beim Smalltalk in der U-Bahn oder bei einer Beratung im Bekleidungsgeschäft – im Ausland sind Sie immer von der Fremdsprache umgeben und können das erlernte Wissen direkt in Alltagssituationen anwenden. Sie werden schon nach wenigen Tagen merken, dass Sie viel sicherer im Umgang mit der Fremdsprache werden und immer mehr verstehen. Ein weiterer Vorteil einer Sprachreise ist, dass neben dem Erlernen der Fremdsprache viel Wert auf die Freizeitgestaltung gelegt wird. Auch wenn Sie allein reisen, entsteht schnell ein Gruppengefühl, was sich in gemeinsamen Abendessen und Unternehmungen widerspiegelt. Möchten Sie lieber mit einer Gruppe Gleichaltriger ohne Druck und in einem gemächlicheren Tempo lernen als in einer gemischten Gruppe, dann finden Sie inzwischen bei fast allen Anbietern Angebote für die Zielgruppe 50+. So oder so: Eine Sprachreise ist die perfekte Gelegenheit, um schnell Fortschritte in einer Sprache zu machen und nebenbei in die Kultur einzutauchen.

69. Einem Escape-Room entkommen

Bei Krimis entgeht Ihnen kein noch so kleiner Hinweis und kein Rätsel ist Ihnen schwer genug? Dann ab in einen Escape-Room! Ein Escape-Room ist ein thematisch eingerichteter Raum, in dem Sie mit ein paar Mitstreitern „eingesperrt" werden. Ab diesem Moment tickt die Uhr. Um den Raum als Gewinner zu verlassen, müssen Sie gemeinsam mit Ihren Mitstreitern innerhalb von 60 Minuten versteckte Hinweise finden, clever kombinieren und knifflige Rätsel lösen. Gelingt Ihnen dies nicht, gilt die Mission als gescheitert und Sie haben das Spiel verloren. Falls doch, gehen Sie als stolze Gewinner aus dem Spiel hervor. Damit es spannend bleibt, gibt es für jeden Escape-Room eine interessante Geschichte. Ein mögliches Szenario ist beispielsweise, dass Sie sich in einem Labor befinden und die Welt vor einem fiktiven Virus retten müssen. Oder Sie finden sich in einer Gefängniszelle wieder und haben bis zum nächsten Wachwechsel Zeit, um auszubrechen.

Wählen Sie zu Beginn am besten einen Escape-Room mit geringerem Anforderungsniveau. Sollten Sie einmal tatsächlich nicht mehr weiterkommen, können Sie während des Spieles Kontakt zur Außenwelt aufnehmen und erhalten einen Hinweis, der Sie wieder auf die richtige Fährte bringt.

70. Seelentröster werden

Ein Krankenhausaufenthalt kann kräftezehrend sein. Insbesondere dann, wenn der Aufenthalt länger dauert, Pfleger und Angehörige nur wenig Zeit haben oder wenn niemand da ist, mit dem man die Sorgen teilen kann und der kleine Erledigungen übernimmt. In dieser Situation sind für viele kranke und alte Menschen die sogenannten Grünen Damen und Herren ein wahrer Segen. Das sind Menschen, die sich ehrenamtlich in der stationären Gesundheits- und Krankenpflege engagieren (die Bezeichnung leitet sich von den grünen Kitteln ab, die während der Arbeit getragen werden). Als Ehrenamtlicher übernehmen Sie für Patienten Besorgungen und regeln organisatorische Angelegenheiten Darüber hinaus sind Sie vor allem für eines da: um zuzuhören, abzulenken und den Alltag zu gestalten. Sie tun all das, wofür die hauptamtlichen Mitarbeiter keine Zeit haben. Pflegerische und medizinische Aufgaben gehören nicht zu Ihren Tätigkeiten.

Um als Grüne Dame oder Grüner Herr zu arbeiten, sollten Sie folgende Voraussetzungen mitbringen:

- Einfühlungsvermögen
- Belastbarkeit
- Eine positive Ausstrahlung
- Emotionale Stabilität
- Verlässlichkeit und die Bereitschaft zum gegenseitigen Austausch
- Die Bereitschaft zur Teilnahme an Fortbildungen
- Ein paar Stunden Zeit pro Woche
- Verschwiegenheit

Bevor Sie als Grüne Dame oder Grüner Herr starten, erhalten Sie eine umfassende Einführung. Auch während Ihrer Tätigkeit sind regelmäßige Fortbildungen und ein enger Austausch mit anderen Ehrenamtlichen ein wichtiger Bestandteil Ihrer neuen Tätigkeit.

Mehr Informationen finden Sie hier: https://www.ekh-deutschland.de/ehrenamtliche/.

71. Mit einer Draisine fahren

Draisinen sind so alt wie die Eisenbahn selbst. Die mit Muskelkraft betriebenen Laufräder bringen es auf bis zu 30 km/h – und das auch noch CO2-neutral. Früher für Wartungsarbeiten auf der Strecke genutzt, kann man auf vielen stillgelegten Bahnstrecken mittlerweile Draisinenfahrten buchen. Strampeln müssen Sie natürlich selbst (einige Gefährte besitzen auch einen Hilfsmotor). Dafür bekommen Sie aber bei Ihrer Fahrt mit dem außergewöhnlichen Gefährt – beispielsweise bei der 28 Kilometer langen Strecken zwischen Britz über Templin nach Fürstenberg (nördlich von Berlin) – so einiges zu sehen.

72. Auf Bernsteinjagd gehen

Völlig zu Recht wird das fossile Harz auch „das Gold der Meere" genannt. Schon in der Bronzezeit war Schmuck aus Bernstein eine beliebte Grabbeigabe. Heutzutage können Sie je nach Qualität mit einem Preis von ca. 60 Euro pro Gramm rechnen, bei sehr hoher Qualität sogar mit weitaus mehr. Somit liegt der Preis für Bernstein sogar deutlich über jenem für Gold. Ein Bernsteinfund kann also zu einer Finanzspritze werden, die Ihnen bei Ihrem nächsten Urlaub an der Nord- oder Ostsee zugutekommen kann.

Vor allem an der Ostseeküste sind die Chancen für einen Bernsteinfund gar nicht so schlecht. Sie als Rentner haben noch einmal einen besonderen Vorteil: Bernstein findet man nämlich nicht, während der Hauptferienzeit im Sommer, sondern dann, wenn es kalt und stürmisch ist. Grund hierfür ist nicht nur die geringe Konkurrenz an Bernsteinsuchern während der kalten Jahreszeiten, sondern auch die geringe Dichte des Bernsteins im Vergleich zum Meerwasser. Im Sommer ist das Meerwasser noch zu warm und der im

Vergleich zum Wasser zu schwere Bernstein bleibt auch nach einem Sturm am Meeresgrund liegen. Das ändert sich, wenn die Wassertemperatur sinkt. Bei einer Wassertemperatur um die 4 Grad ist die Dichte des Wassers am höchsten und somit perfektes Bernsteinwetter.

Ziehen Sie sich also besser warm an und stellen Sie sich einen Wecker. Die Konkurrenz ist früh auf den Beinen und neuerdings auch mit UV-Taschenlampen unterwegs, deren ultraviolettes Licht von Bernsteinen reflektiert wird, sodass das fossile Harz leichter zu finden ist.

73. Geocaching

Geocaching ist – einfach ausgedrückt – eine moderne Variante der guten alten Schnitzeljagd. Mithilfe von GPS-Daten gilt es, einen Schatz (auch „Cache" genannt) zu finden, den zuvor eine andere Person versteckt hat. Die meisten Caches sind kleine Filmdosen mit Logbuch, in das Sie sich eintragen dürfen, wenn Sie die Dose gefunden haben. Diese Form eines Cache wird auch „traditioneller Cache" genannt. Bei anderen Caches müssen Sie zuvor noch ein Rätsel lösen („Mystery-Cache") oder werden zu mehreren Stationen geführt („Multi-Cache").

Doch nehmen Sie sich in Acht! Geocaching kann schnell süchtig machen. Sie werden knifflige Rätsel lösen und spannende Orte abseits bekannter Pfade entdecken – oftmals sogar direkt bei Ihnen um die Ecke. Ganz nebenbei verbringen Sie viel Zeit an der frischen Luft und halten sich fit. Geocaching ist völlig kostenlos (vorausgesetzt, Sie besitzen ein Smartphone). Um Teil der Geocaching-Community zu werden, benötigen Sie nur die entsprechende App und einen Account auf https://www.geocaching.com/. Und schon kann das Abenteuer losgehen! Doch passen Sie auf, dass Sie nicht von Muggeln (Menschen, die unwissend in Bezug auf Geocaching sind) beobachtet werden, um zu verhindern, dass die Caches entdeckt und zerstört werden.

74. Eine Segway-Tour machen

An einem Sightseeing-Tag können Sie gut und gerne mal Kilometerzahlen im zweistelligen Bereich zurücklegen. Für viele ein anstrengendes Szenario. Wie wäre es, wenn Sie nicht selbst laufen, sondern sich auf einem Segway von Sehenswürdigkeit zu Sehenswürdigkeit fahren lassen? Auch wenn Segways nach einer sehr wackeligen Angelegenheit aussehen, täuscht der Eindruck. Nicht Sie müssen für das Gleichgewicht sorgen, sondern der Segway. Das Fahrzeug ist intuitiv zu bedienen und so konzipiert, dass es selbstbalanciert und immer wieder ins Gleichgewicht findet. Es ist weder mit einer Bremse noch mit einem Gaspedal versehen. Die Fortbewegung wird allein über Gewichtsverlagerung gesteuert.

Für die Fahrt mit einem Segway galt bis vor Kurzem, dass ein Mofaführerschein vorhanden sein muss. Der Führerschein ist nun nicht mehr Pflicht. Allerdings benötigen Sie eine Haftpflichtversicherung.[6]

75. Einen Berg besteigen

Vom Gipfel eines Berges zu schauen, gehört zu den beeindruckendsten Naturerlebnissen überhaupt. Natürlich sind viele Berge auch mit dem Auto oder mit einer Seilbahn zu erreichen. Doch deutlich faszinierender ist die Erfahrung, wenn Sie den Gipfel selbst erklommen haben: Neben atemberaubenden Landschaften entlang der Route und viel Zeit zum Nachdenken werden Sie mit einem unbeschreiblichen Glücksgefühl belohnt.

Falls Ihnen beim Gedanken ans Bergsteigen jetzt schneebedeckte Bergrücken und Reinhold Messner in voller Ausrüstung vor dem inneren Auge erscheinen, verwerfen Sie dieses Bild bitte wieder. Darum geht es bei diesem Vorschlag nicht. Die Erfahrung, einen Berg bezwungen, lässt sich nämlich schon in viel kleinerem und ungefährlicherem Rahmen erleben.

Was halten Sie davon, den höchsten Berg in Ihrem Bundesland oder in Ihrer näheren Umgebung zu besteigen? Wenn Sie in Bremen wohnen, haben Sie Glück: Lediglich 32,5 Höhenmeter müssen Sie überwinden, um den höchs-

6 https://www.bussgeldkatalog.org/segway-fahren/

ten Punkt des kleinsten Bundeslandes zu erklimmen, während die Zugspitze in Bayern mit 2962 Metern schon eine ganz andere Hausnummer und sicherlich nichts für Ungeübte ist. Daher ist es auch wichtig, dass Sie zu Beginn nichts überstürzen. Wenn Sie Spaß an der Bewegung im Freien haben, gibt es zahlreiche Wander- und Bergsportvereine, die spezielle Touren für Senioren anbieten. Nachfolgend erhalten Sie einen Überblick über die höchsten Bergen der 16 Bundesländer.

Bundesland	**Berg**	**Höhe**
Baden-Württemberg	Feldberg	1493 Meter
Bayern	Zugspitze	2952 Meter
Berlin	Erhebung der Arkenberge	102,7 Meter
Brandenburg	Kutschenberg	201 Meter
Bremen	Erhebung im Friedhofspark	32,5 Meter
Hamburg	Hasselbrack	116,2 Meter
Hessen	Wasserkuppe	950 Meter
Mecklenburg-Vorpommern	Helpter Berg	179,2 Meter
Niedersachsen	Wurmberg	971,2 Meter
Nordrhein-Westfalen	Langenberg	843,2 Meter
Rheinland-Pfalz	Erbeskopf	816,3 Meter
Saarland	Döllberg	695,4 Meter
Sachsen	Fichtelberg	1214,8 Meter
Sachsen-Anhalt	Brocken	1141,2 Meter
Schleswig-Holstein	Bungsberg	167,4 Meter
Thüringen	Großer Beerberg	982,9 Meter

76. Auf dem Äquator stehen

Neben den beiden Polen ist der Äquator eine Region, die schon seit Jahrhunderten eine große Faszination auf die Menschen ausübt. In der Zeit der bekannten Entdecker rankten sich zahlreiche Mythen um die Linie, welche die Nord- und Südhalbkugel voneinander trennt. Dort wurde auch das Paradies vermutet. Auch heute übt der Äquator noch eine hohe Anziehungskraft aus. Wussten Sie zum Beispiel, dass Sie um zwölf Uhr Ortszeit auf dem Äquator stehen können und dabei keinen Schatten werfen? Oder dass Tag und Nacht am Äquator immer genau zwölf Stunden dauern und es dort keine Jahreszeiten gibt? Es wird Zeit, sich diesen einzigartigen Ort einmal genauer anzuschauen. Die Möglichkeit hierfür haben Sie theoretisch in 13 Ländern, wobei der Äquator in den meisten Ländern durch unzugängliche Tropenlandschaften führt. Gute Chancen, um auf beiden Erdhalbkugeln zu stehen, haben Sie nahe der ecuadorianischen Hauptstadt Quito. Hier wurde der Äquator vor einigen Jahren bis auf den Millimeter genau ausgemessen.

77. Eine Schienenkreuzfahrt machen

Auch wenn sich Kreuzfahrten vor allem bei der älteren Generation zunehmender Beliebtheit erfreuen, stellen sie die klimaschädlichste Form des Reisens überhaupt dar. Insbesondere dann, wenn Sie für Ihre Kreuzfahrt in der Karibik erst noch einen Langstreckenflug zurücklegen müssen. Eine weitaus nachhaltigere Alternative sind Zugreisen. Bei einer Kreuzfahrt auf Schienen sind Sie – wie der Begriff es schon vermuten lässt – in Zügen unterwegs. Der Zug ist dabei Hotel und Fortbewegungsmittel zugleich. Alternativ gibt es auch Angebote mit Hotelaufenthalten in den jeweiligen Städten, die Sie während der Zugkreuzfahrt besuchen. Wie würde Ihnen beispielsweise eine Reise mit dem Royal Scotsman durch die schottischen Highlands gefallen oder eine Fahrt im sagenumwobenen Orient-Express, der 1883 zu seiner ersten Fahrt von Paris nach Konstantinopel (heute Istanbul) aufbrach? Letzterer ist zwar nur eine Nachbildung des Originals, hat aber trotzdem ein hohes Nostalgiepotenzial zu bieten.

78. Imkern

Bienen spielen in unserem Ökosystem eine entscheidende Rolle. Ein Großteil aller Nutz- und Wildpflanzen wird hierzulande von Honigbienen bestäubt. Umso dramatischer ist, dass die Bienenpopulation weltweit einen enormen Rückgang erlebt. Es ist dringend an der Zeit zu handeln! Wenn Sie etwas gegen das Bienensterben unternehmen möchten, Sie gerne Zeit in der Natur verbringen und ab und an eigenen Honig ernten möchten, könnte das Imkern als Hobby genau das Richtige für Sie sein. Vorausgesetzt, Sie haben ein ausreichend großes Grundstück und sind bereit, Geld in eine Imkerausbildung zu investieren. Ein Hobby mit nicht unerheblichem Aufwand. Allerdings ist es faszinierend, das komplexe System eines Bienenstocks kennenzulernen. Der Honig aus dem eigenen Garten schmeckt mit Sicherheit viel besser als das importierte Produkt aus Fernost und ist wahrscheinlich auch gesünder.

Aber auch ohne eigenen Bienenstock können Sie einen wertvollen Beitrag zum Schutz der Bienen leisten. Übernehmen Sie zum Beispiel eine Bienenpatenschaft, legen Sie ein Wildblumenbeet an oder stellen Sie ein Wildbienenhotel in Ihrem Garten oder auf Ihrem Balkon auf. Wildbienen sind im Gegensatz zu Honigbienen Einzelgänger, weswegen Sie leider auf selbstgeernteten Honig verzichten müssten. Genauso wie ihre honigspendenden Verwandten sind Wildbienen aber auch mehr und mehr auf künstliche Nisthilfen angewiesen – vor allem in dicht besiedelten Großstädten.

Mehr Informationen hierzu und einen Webshop finden Sie zum Beispiel unter http://www.bienenhotel.de/.

79. Orte der Kindheit besuchen

Die alte Schule, die ehemalige Nachbarschaft und der Wald, in dem Sie vor langer Zeit Verstecken spielten. Erinnerungen an unbeschwerte Kindheits- und Jugendtage sind häufig noch immer präsent, auch wenn die Kindheit schon sehr lange her ist. Wie unbeschwert war doch das Leben, als die Fünf in Mathe noch das einzige Problem war und sich das soziale Leben meist draußen abspielte – und nicht vor einem Bildschirm. Wenn Sie schon lange nicht mehr in Ihrem Heimatort leben, kann ein Ausflug zurück in Ihre Kindheitstage wertvolle Erinnerungen aufleben lassen. Nehmen Sie Ihren Partner, Ihre (Enkel-)Kinder oder gute Freunde mit und berichten Sie Ihnen von all den großen und kleinen Abenteuer, die sie dort erlebt haben.

80. Blind Booking ausprobieren

Einfach ab ans Meer! Egal, wohin und vor allem wann! Wenn Sie auf der Suche nach einem verrückten Abenteuer sind und Spontaneität Sie nicht abschreckt, ist Blind Booking genau das Richtige für Sie, denn Sie buchen eine Reise ins Ungewisse. Lediglich der Reisezeitraum und der grobe Rahmen der Reise (zum Beispiel ob es ein Städtetrip, ein Urlaub in der Natur oder am Strand sein soll) liegen in Ihrer Hand. Wie praktisch, dass Sie keinen Urlaubsantrag mehr einreichen müssen. Ob es beispielsweise nach Warschau, Salzburg, Palma de Mallorca oder Dresden geht, erfahren Sie erst nach der Buchung. Für die Ungewissheit hinsichtlich des Zielorts und der Unterkunft werden Sie mit einem günstigen Reisepreis belohnt. Außerdem ersparen Sie sich den Planungsstress. Die Fluggesellschaften besetzen mit dem Angebot kurzfristig nicht gebuchte Plätze. Eine Win-win-Situation für beide Seiten.

81. Für einen Fünf-Kilometer-Lauf trainieren

Ob Sie nun 60, 70 oder 80 sind – es ist nie zu spät, um mit dem Laufen anzufangen. Beim nächsten Volkslauf gibt es mit Sicherheit auch andere Läufer in Ihrer Altersgruppe. Zahlreiche wissenschaftliche Studien belegen, dass das Laufen den Alterungsprozess verzögert und die Lebenserwartung erhöht – auch bei Späteinsteigern.[7] Es ist allerdings wichtig, dass Sie nicht überstürzt mit dem Training starten. Vom Anfänger zum Fünf-Kilometer-Läufer zu werden, wird eine Weile dauern. Im fortgeschritteneren Alter benötigt der Körper zudem längere Regenerationsphasen.

Trainingstipps:

- Konsultieren Sie vor der ersten Trainingseinheit unbedingt einen Arzt; insbesondere dann, wenn Sie unter Übergewicht oder Gelenkproblemen leiden. Alternativ könnte Nordic Walking eine Option für Sie sein.
- Lassen Sie sich bei der Wahl Ihrer Laufschuhe von einem Fachmann beraten. Neben Gewicht, bevorzugten Laufstrecken und eventuellen Fußfehlstellungen gibt es bei der Wahl des richtigen Schuhwerks einiges zu beachten.

---

7 Zum Beispiel Whelton, Seamus P., et al. (2019): „Fitness an 10-year risk of mortality among adults ≥ years old at the extremes of cardiovascular disease risk factor burden: the fit project". Journal of the American College of Cardiology, 73. Jg., Nr. 9S2, S. 8.

- Schließen Sie sich zu Beginn einer Laufgruppe an oder noch besser: Gönnen Sie sich einen Personal Trainer. Gerade zu Beginn ist es wichtig, dass Sie sich nicht überfordern. Ein Profi kann Ihre Bewegung korrigieren und Ihnen Tipps für die richtige Atmung geben.

82. Ein Coaching für den Ruhestand in Anspruch nehmen

Es gibt Coachings für den Berufseinstieg – warum also nicht auch für den Berufsausstieg? Schließlich steht Ihnen ein ebenso bedeutender Übergang in einen neuen Lebensabschnitt bevor. Insbesondere für Menschen, die viel und durchaus auch gerne gearbeitet haben, kann das Wegbrechen von langjährigen Routinen und Strukturen eine große Leere hinterlassen. Wohin mit all der Zeit? Wer braucht mich überhaupt noch? Wie kann ich etwas Sinnstiftendes tun? Was bedeutet der neue Lebensabschnitt für meine Partnerschaft? Diese und weitere Fragen schwirren so manchem Neu-Ruheständler womöglich durch den Kopf. Vielleicht haben Sie auch jede Menge Ideen, können diese aber nicht umsetzen und fühlen sich einfach nur überfordert. Ganz egal, wo es bei Ihnen hakt: Ein Coaching für den Ruhestand kann helfen, wieder ein positives Selbstbild zu entwickeln bzw. eine Sinnhaftigkeit jenseits der Arbeit zu finden. Mithilfe eines Coaches können Sie Klarheit über Ihre persönlichen Ziele gewinnen. So können sich Ihnen auch Perspektiven für Ihren neuen Lebensabschnitt eröffnen.

83. Ihre Lebensgeschichte aufschreiben

Bestimmt steckt auch Ihr Leben voller spannender Geschichten und Anekdoten. Wie haben Sie zum Beispiel Zeiten des großen Umbruchs, Schicksalsschläge oder Ihre größten Glücksmomente erlebt? Halten Sie Ihre Erfahrungen für die Nachwelt oder zumindest für Ihre Kinder und Enkel fest. Das Erinnern kann auch dabei helfen, vergangene Ereignisse zu reflektieren und neue Erkenntnisse zu gewinnen. Zudem kann der Prozess des Schreibens helfen, die eigenen Gedanken zu ordnen und die Konzentration zu schärfen. Wenn Ihre letzten Übungen im kreativen Schreiben schon einige Jahrzehnte zurückliegen und Ihr Schreibmuskel erst wieder trainiert werden muss, kann eine Schreibwerkstatt (zum Beispiel bei der örtlichen VHS) genau das Richtige für Sie ein.

Wenn schreiben nicht so Ihr Ding ist, Sie aber dennoch einiges zu erzählen haben, können Sie einen Ghostwriter engagieren – jemanden, der Ihre Geschichte in Ihrem Namen schreibt. Professionelle Ghostwriter hören genau zu und helfen Ihnen dabei, Ihre Geschichte mitreißend und einfühlsam zu erzählen.

In beiden Fällen halten Sie letztendlich *Ihr* Buch mit *Ihrer* ganz persönlichen Lebensgeschichte in den Händen – zu der Sie in den nächsten Jahren mit Sicherheit noch einige spannende Kapitel hinzufügen werden.

84. Einen vermüllten Ort aufräumen

Sie ärgern sich über einen vermüllten Ort, für den sich keiner verantwortlich fühlt? Dann warten Sie nicht darauf, dass der Müll in einigen hundert Jahren von selbst verrottet ist. Ergreifen Sie die Initiative – oder besser gesagt: Handschuhe und Müllbeutel – und räumen Sie auf! Damit sind Sie nicht allein, sondern Teil einer weltweiten Bewegung. Unter dem Hashtag #trashtag finden sich in den sozialen Netzwerken teils beeindruckende Vorher-Nachher-Bilder von ehemals vermüllten Orten weltweit. Aber auch ohne Zurschaustellung Ihrer Aktion in den sozialen Medien wird die Pflanzen- und Tierwelt es Ihnen danken.

85. Im Publikum einer Fernsehshow sitzen

„Heute Show“, „Wer wird Millionär?“ oder wie sie alle heißen… Wenn Sie schon immer wissen wollten, was bei Live-Sendungen in der Werbepause im Studio passiert oder was in den Ecken geschieht, auf die gerade keine Kamera gerichtet ist, dann besorgen Sie sich Tickets für den Zuschauerraum. Diese sind meist günstiger, als man denken mag, und häufig auch kurzfristig verfügbar. Karten gibt es auf den Webseiten der jeweiligen Sender.

86. Im Wohnmobil durchs Land touren

Mit dem Ruhestand beginnt die große Freiheit, mehr reisen zu können. Sie sind nicht mehr von Urlaubstagen oder den Schulferien abhängig und können verreisen, wann immer Sie wollen. Diese ultimative Freiheit toppt nur noch ein Wohnmobil. Denn mit einem fahrbaren Hotelzimmer können Sie sich das Ein- und Auspacken sparen und ganz nach Ihrem eigenen Rhythmus reisen. Sie sind an keine festen Zeiten gebunden und können auch mal ausschlafen, ohne beim Frühstück leer auszugehen. Klingt gut, oder?

Zudem liegen viele Campingplätze direkt am Strand, inmitten von Naturschutzgebieten oder neben der Skipiste, wo ein Hotelzimmer Unsummen kosten kann. In einigen Ländern wie Norwegen, Schottland und Schweden ist es sogar möglich, fernab der offiziellen Stellplätze problemlos für eine Nacht zu campieren. Auch um mangelnden Komfort brauchen Sie sich keine Sorgen machen. Mittlerweile haben sowohl Wohnmobilhersteller als auch Campingplätze ordentlich aufgerüstet. Eine Dusche im Wohnmobil ist keine Seltenheit. Ein nicht zu verachtender Vorteil als älteres Semester ist zudem, dass Sie mit Ihrem Führerschein der Klasse 3 (ausgestellt vor 1999) Wohnmobile bis zu einer zulässigen Gesamtmasse von 7,5 Tonnen ohne weitere Prüfung fahren dürfen. Es ist allerdings empfehlenswert, vorab dennoch ein Fahrsicherheitstraining zu machen.

87. Familienrezepte sammeln

In fast jeder Familie gibt es traditionelle Gerichte: Zum Beispiel den Apfelkuchen, den Oma immer zu Familienfesten gebacken hat, oder den Kartoffelsalat der Tante, für den Sie alles stehen und liegen lassen. Es wäre sehr schade, wenn das Wissen um all die Köstlichkeiten wie Schlesischen Mohnkuchen, Königsbergerklopse oder Steckrübeneintopf verloren gingen. Nutzen Sie die freie Zeit im Ruhestand, um Ihre besten Rezepte zu Papier zu bringen. Ihr Vorhaben ist auch ein schöner Anlass, um der Verwandtschaft reihum mal wieder einen Besuch abzustatten und sie zu bitten, ihre Geheimrezepte preiszugeben. Mit der Rezeptsammlung haben Sie nicht nur alle Familienrezepte zum Nachkochen parat, sondern können auch Ihren

Kindern, Enkeln, Nichten und Neffen ein wertvolles Geschenk mit auf den Weg geben.

88. Origami-Kraniche falten

Die Kunst des Papierfaltens hat eine lange Tradition. Bereits vor der Erfindung des Papiers wurden Stoffe und andere Materialien zu kleinen Kunstwerken gefaltet. Richtig populär wurde Origami dann im 14. Jahrhundert im asiatischen Raum, von wo aus die Kunst schnell ihren Weg nach Europa fand. Werden auch Sie zum Papierkünstler. Sie können sofort loslegen. Brauchbare Anleitungen finden Sie im Internet oder in entsprechenden Büchern. Für den ersten Versuch reicht ein dünnes Werbeblättchen. Wenn Sie an den kleinen Kunstwerken Gefallen finden und Sie sich an komplexere Modelle wagen möchten, ist professionelles Origami-Papier empfehlenswert.

Das wohl bekannteste Origami-Modell ist der Kranich. Eine japanische Legende besagt: Derjenige, der tausend Kraniche gefaltet hat, bekommt von den Göttern einen Wunsch erfüllt. In der heutigen Zeit gelten Origami-Kraniche auch als Symbol des Friedens. Der traurige Grund hierfür ist die Geschichte der Japanerin Sasado Sasaki. Das Mädchen hatte als Kleinkind den Atombombenabwurf auf Hiroshima überlebt, erkrankte 1955 aber als Folge der Strahlung an Leukämie. In der Hoffnung auf Heilung faltete sie in ihrem Krankenbett über tausend Kraniche, bevor sie im Alter von nur zwölf Jahren starb. Vielleicht sind die tausend Kraniche ja auch ein Projekt, das Sie reizt?

Mehr zu Origami finden Sie auf der Webseite des Vereins zur Förderung des Papierfaltens e. V. (https://www.papierfalten.de/). Hier finden Sie jede Menge Faltanleitungen, Tipps zu Büchern und Termine von deutschlandweiten Origami-Events. Mitglieder des Vereins erhalten zudem dreimal jährlich die Vereinszeitschrift „Der Falter“ mit Neuigkeiten aus der Welt des Papierfaltens.

89. An einem Yoga-Kurs teilnehmen

Es muss nicht gleich der Kopfstand oder ein Spagat sein. Beim Yoga geht es sowieso weniger um Leistung, sondern vielmehr darum, Körper und Geist miteinander in Einklang zu bringen. Die Körperübungen (Asanas) kräftigen Muskeln und Gelenke, während Atemübungen (Pranayama) die natürlich fließende Atmung fördern und Blockaden lösen. Empfehlenswert ist allerdings, dass Sie den Einstieg in die Welt des Yogas nicht mit einer DVD oder einem YouTube-Video wagen, sondern mit einem gut ausgebildeten Yoga-Lehrer. Nur so können Haltungsfehler von Anfang an vermieden werden. Zudem macht Yoga in Gemeinschaft viel mehr Spaß.

Falls Sie befürchten, für Yoga nicht fit genug zu sein, seien Sie beruhigt. Auch wenn Sie in Ihrem bisherigen Leben sportlich wenig aktiv waren oder sich einige Beschwerden bemerkbar machen, können Sie Yoga praktizieren. Zum einen gibt es inzwischen unzählige Yoga-Stile mit unterschiedlichen Intensitäten (angefangen von Power-Yoga bis hin zum beruhigenden Yin-Yoga). Zum anderen werden Yoga-Stunden angeboten, die speziell auf die Bedürfnisse älterer Teilnehmer abgestimmt wird. Probieren Sie es aus! Nach einer Yoga-Stunde werden Sie deutlich spüren, dass Sie Ihre Psyche und Ihrem Körper etwas Gutes getan haben.

90. Einen Lach-Yoga-Kurs besuchen

Wo wir gerade bei Yoga und den unzähligen Yoga-Stilen sind: Sagt Ihnen Lach-Yoga etwas? Nein? Erinnern Sie sich noch daran, als Sie zum letzten Mal gar nicht mehr aufhören konnten zu lachen, obwohl Ihnen schon der Bauch wehtat? Es war anstrengend, dafür haben Sie sich aber mit Sicherheit (auch lange danach) noch herrlich befreit gefühlt. Ziel des Lach-Yogas ist es, diesen Zustand zu erreichen und den Geist für einen Moment von allen Alltagssorgen und -problemen zu befreien. Natürlich kommen die Wenigsten bereits gut gelaunt zum Kurs. Daher ist das anfängliche Lachen künstlich. Im Laufe der Stunde entsteht aber nach und nach eine Gruppendynamik – und aus dem künstlichen Lachen wird ein echtes.

91. In einem Sternerestaurant speisen

Der „Guide Michelin“ zeichnet weltweit hervorragende Restaurants mit „überdurchschnittlicher Küche“ aus. Hierzu schickt die Redaktion anonyme Restauranttester los, die die Restaurants beurteilen: Die Qualität der Zutaten sowie die Zubereitung und Einzigartigkeit der Gerichte stehen im Fokus.

Anschließend werden ein, zwei oder drei Sterne vergeben, die wie folgt beschrieben sind:

- Ein Stern: „Eine Küche voller Finesse – einen Stopp wert!“
- Zwei Sterne: „Eine Spitzenküche – einen Umweg wert!“
- Drei Sterne: „Eine einzigartige Küche – eine Reise wert!“

Ein weit verbreiteter Irrtum ist, dass Sternerestaurants unbedingt besonders edel und exklusiv sein müssen. Mitnichten: Bewertet wird lediglich das Essen. Komfort und Interieur bilden eine eigene Kategorie. So sind einige der in Asien bewerteten Gastronomien Straßenimbisse. Es mag zwar sein, dass viele Sternerestaurants etwas teurer sind als der Grieche in der Nachbarschaft, doch gibt es auch hierzulande unter den ca. 300 Restaurants, die mindestens einen Stern besitzen, erstklassige Menüs unter 50 Euro. Genügend Auswahl also, um herauszufinden, ob die Restaurantkritiker mit ihrer Einschätzung richtigliegen.

92. Zimmer via Airbnb untervermieten

Die Kinder sind aus dem Haus und Sie haben eigentlich viel zu viel Platz? Dann verdienen Sie sich mit Ihren eigenen vier Wänden doch ein kleines Taschengeld dazu. Das Prinzip der Internetplattform Airbnb besteht darin, Vermietern, die ihr Zuhause zur Verfügung stellen möchten, und Reisende zusammenzubringen. Natürlich geht ein Teil Ihrer Mieteinahmen als Provision an das Unternehmen. Dafür bekommen Sie von Airbnb eine kostenlose Haftpflichtversicherung und Hilfe bei der Erstellung Ihres Inserats.[8] Neben den Mieteinamen ist ein weiterer Vorteil der Vermietung, dass Sie die weite Welt zu sich nach Hause holen, ohne auch nur einen Fuß vor die Tür zu setzen. Viele Gäste, die auf Privatwohnungen statt Hotels setzten, sind nämlich durchaus an Geheimtipps und einen Plausch mit dem Vermieter interessiert.

Tipp: Informieren Sie sich auf Airbnb über die Qualitätsstandards für Vermieter und erkundigen Sie sich, insbesondere bei Mietobjekten, über die rechtliche Lage, bevor Sie mit der Vermietung starten. Denn in einigen

8 https://www.airbnb.de/host/homes

Städten gibt es Gesetze, die die kurzzeitige Beherbergung zahlender Gäste einschränkt.

93. „A Random Act of Kindness"

Die Welt wäre ein so viel besserer Ort, wenn wir alle ein wenig netter zueinander wären. Sie können jetzt entweder nur zustimmend nicken oder direkt mit gutem Beispiel vorangehen. Ein „Random Act of Kindness" (übersetzt: *Ein zufälliger Akt von Freundlichkeit*) beschreibt eine gute Tat, die sich an keine bestimmte Person richtet. Sie machen also einem Wildfremden eine Freude. Ohne jegliche Gegenleistung und oftmals auch, ohne als Wohltäter in Erscheinung zu treten. Ziel der Bewegung ist es, Freundlichkeit zur Norm werden zu lassen.

Ein paar Ideen zur Inspiration:

- Eine Münze im Snackautomaten stecken lassen
- Einen netten Kommentar auf einem Blog hinterlassen
- Das Wischen des Hausflurs für den Nachbarn übernehmen
- Dem nächsten Kunden die Tür aufhalten (das ist nicht selbstverständlich)
- Einer fremden Person ein Kompliment machen
- In einem Buch aus der Bücherei ein selbstgemachtes Lesezeichen hinterlassen
- Einen Obdachlosen auf eine warme Mahlzeit einladen
- Das noch gültige Parkticket einer anderen Person schenken

Weitere Ideen finden Sie auf der (englischsprachigen) Webseite https://www.randomactsofkindness.org/.

94. Statist oder Komparse in einem Film werden

Noch näher am Geschehen werden Sie nicht sein können – es sei denn, Sie werden Schauspieler. Aber eins nach dem anderen. Als Statist oder Komparse haben Sie die Chance, nationale und internationale Stars in Aktion zu erleben und bekommen Szenen des ein oder anderen Spielfilms schon vorab zu Gesicht. Für Ihren Job als lebende Requisite gibt es in den meisten Fällen sogar noch ein kleines Taschengeld. Während Sie als Statist lediglich im Hintergrund agieren, können Sie als Komparse im Film häufig kleine Aufgaben übernehmen, beispielsweise das Öffnen der Tür im richtigen Moment. Dementsprechend kann es sein, dass bei den Komparsenrollen ein bestimmter Typ gesucht wird, während es für Statisten kaum Voraussetzungen gibt, was das Aussehen betrifft Schauspielerisches Talent ist eher von untergeordneter Bedeutung. Was Sie aber vor allem mitbringen müssen: Geduld! Meist warten Sie am Set den ganzen Tag auf Ihren Einsatz oder dürfen ein und dieselbe Szene mehrmals drehen.

95. Dem eigenen Partner noch einmal das Jawort geben

Um es gleich vorwegzunehmen: Eine standesamtliche Hochzeit ist leider nur einmal möglich. Dafür haben Sie aber sowohl von kirchlicher Seite aus als auch bei einer freien Trauung die Möglichkeit, nach all den Jahren noch einmal „Ja" zu Ihrem Partner zu sagen. Vielleicht steht ein runder Hochzeitstag an oder Sie haben gemeinsam eine schwere Zeit überwunden. Mit einem erneuten Eheversprechen zeigen Sie: Sie würden die Entscheidung füreinander genauso wieder treffen. Ob zu zweit im Ausland, mit den Kindern oder doch ganz groß – ein Vorteil eines erneuten Eheversprechens ist, dass es weniger Vorgaben und Regeln zu beachten gibt. Deshalb kann die Zeremonie viel eher nach Ihren Vorstellungen stattfinden.

96. Ein ehemaliges Hobby wieder aufnehmen

Hobbys sind so viel mehr als ein reiner Zeitvertreib. Sie dienen der Entspannung und als Ausgleich zum Berufsleben. Sie sind ein wichtiger Teil unserer Identität. Auch wenn im Laufe des Lebens immer wieder neue Interessen hinzukommen, entdecken viele Menschen ihre Hobbys schon sehr früh. Durch berufliche und familiäre Verpflichtungen liegen einige Hobbys in der Lebensmitte allerdings häufig brach. Jetzt, wo die Kinder erwachsen sind und der zeitfressende Job Geschichte ist, ist der richtige Zeitpunkt gekommen, um ehemalige Freizeitbeschäftigungen wieder aufzunehmen. Auch wenn Sie nicht an alle Hobbys wieder zu 100 Prozent anknüpfen können, was unter Umständen bei sportlichen Aktivitäten der Fall sein kann, dann üben Sie diese mit geringerer Intensität aus oder setzen Sie andere Schwerpunkte. Als Kursleiter oder Coach haben Sie beispielsweise die Möglichkeit, Ihr handwerkliches, kreatives oder sportliches Wissen an die jüngere Generation weiterzugeben.

97. Darts spielen

Darts spielen als Kneipensport? Das war einmal. Darts ist nicht nur eine professionelle Sportart, sondern lockt mittlerweile auch ein Millionenpublikum vor die Fernsehbildschirme. Bei keiner anderen Sportart ist das Interesse in den letzten zehn Jahren so sprunghaft angestiegen. Darts-Profis kassieren mittlerweile Preisgelder in Millionenhöhe und stehen somit anderen Profisportlern in nichts mehr nach. Bislang hat es leider noch kein deutscher Sportler geschafft, ganz oben mitzuspielen. Sollte sich dies ändern, ist davon auszugehen, dass mit einem deutschen Champion – ähnlich wie einst bei Boris Becker (Tennis) und Jan Ullrich (Radsport) – Darts als Sport noch populärer wird.

Nutzen Sie die Gelegenheit, um noch ein bisschen zu üben, bevor hierzulande auf einmal alle anfangen, Pfeile zu werfen. Alles, was Sie hierfür benötigen, sind drei Pfeile, eine Scheibe auf 1,73 Meter Höhe und einen Abstand von 2,73 Meter. Das sollte sich doch einrichten lassen. Das Tolle am Darts ist: Der Erfolg ist nicht abhängig vom Alter oder Fitness-Level, sondern vor allem von der Konzentrationsfähigkeit und Zielgenauigkeit. Der 16fache Darts-Weltmeister Phil Taylor beendete erst im Alter von 57 Jahren seine Profikarriere und nimmt auch heute noch an anspruchsvollen Turnieren teil. Wenn *das* nicht dazu motiviert, die jüngere Generation bei nächster Gelegenheit herauszufordern.

98. Den Papst sprechen hören

An eine Privataudienz mit dem Papst zu kommen, wird schwierig werden, sofern Sie kein hochrangiger Politiker, prominenter Mensch oder geistlicher Würdenträger sind. Aber auch die Generalaudienzen, die jeden Mittwoch auf dem Petersplatz stattfinden, sind ein einmaliger religiöser Moment mit einer langen Tradition. Erleben Sie mit Gläubigen aus aller Welt, wie der Heilige Vater mit seinem Papamobil an den Reihen vorbeifährt und die versammelte Menge in verschiedenen Sprachen begrüßt und segnet.

Tipps für Ihren Besuch in der Heiligen Stadt:

- Pilger, die mindestens 150 Kilometer zu Fuß zurückgelegt haben, sowie frisch verheiratete Paare bekommen besondere Plätze.
- Seien Sie früh genug da (Einlasskontrollen) und kleiden Sie sich dem Anlass entsprechend (die Schultern bedecken etc.).
- Tickets können Sie kostenlos online beim deutschen Pilgerzentrum reservieren.
- In den Wintermonaten ist es deutlich leerer als in der touristischen Hauptsaison.

Die Generalaudienz lässt sich prima mit einer Sightseeing-Tour durch Rom verbinden. Das Kolosseum, das Pantheon und das Forum Romanum sind nur einige der zahlreichen antiken Sehenswürdigkeiten der Ewigen Stadt.

99. Alte (Schul-)freunde ausfindig machen

Umzug, Streit, veränderte Lebensumstände oder sich einfach aus den Augen verloren haben: Es gibt verschiedene Gründe, warum der Kontakt zu ehemals guten Freunden häufig abbricht. Vielleicht wird es Zeit, dies zu ändern und alte Freundschaften wieder aufleben zu lassen. Die gemeinsame Vergangenheit sorgt sicher schnell für erste Anknüpfungspunkte. Alternativ können Sie auch ein Klassentreffen organisieren. Im Internetzeitalter ist es zum Glück um einiges leichter, den Kontakt zu alten Bekannten wieder aufzunehmen. Häufig reicht es schon aus, den Namen der Person in bekannte Suchmaschinen oder soziale Netzwerke wie Facebook oder LinkedIn einzugeben. Selbst wenn besagte Person online nicht präsent ist, so besteht dennoch die Chance, Kinder oder sonstige Verwandte ausfindig zu machen. Weitere Möglichkeiten sind Alumni-Datenbanken von Schulen und Universitäten sowie das Online-Portal „stayfriends". Der letzte Schritt, um alte Kontakte wieder aufleben zu lassen, ist eine Anfrage beim Einwohnermeldeamt.

100. In einem Repair-Café aushelfen

Heutzutage ist es oftmals billiger, einen kaputten Alltagsgegenstand durch einen neuen zu ersetzen, als ihn reparieren zu lassen. Auch wenn viele – insbesondere aus Gründen der Nachhaltigkeit – ihre alten, kaputten Dinge reparieren möchten, scheitert dies in den meisten Fällen am fehlenden Wissen darüber, was überhaupt zu tun ist.

An dieser Stelle kommen Repair-Cafés ins Spiel. Hinter diesem Begriff verbergen sich organisierte Veranstaltungen, bei denen defekte Alltagsgegenstände in angenehmer Atmosphäre gemeinschaftlich repariert werden. Wenn Sie also über das entsprechende Wissen verfügen, wie Textilien, Haushaltsgeräte, Möbel, Fahrräder oder Spielzeug repariert werden können, sind Sie als ehrenamtlicher Helfer gern gesehen. Das Engagement im Repair-Café ist nicht gleichzusetzen mit einem kostenlosen Reparatur-Service. Vielmehr stehen Sie den Besuchern mit Ihrem Wissen tatkräftig zur Seite. Hilfe zur Selbsthilfe sozusagen. Neben einem wertvollen Wissensaustausch helfen Repair-Cafés nicht nur dabei, Müll zu vermeiden und Ressourcen zu sparen, sondern tragen auch dazu bei, die Dinge, die man besitzt, wertzuschätzen.

Mehr Informationen finden Sie unter www.reparatur-initiativen.de oder unter https://repaircafe.org/de.

101. Stricken lernen

Fangen Sie neu mit dem Stricken an? Können Sie auf ein paar rudimentäre Kenntnisse aus dem Handarbeitsunterricht zurückgreifen? Oder haben Sie sogar vor einiger Zeit einmal leidenschaftlich gern gestrickt? Beim Stricken kann man immer wieder neue Herausforderungen finden und dazulernen.

Hinzu kommt der gesellige Aspekt: Vielerorts treffen sich junge und alte Menschen in Strickcafés, um Ideen und Tipps auszutauschen. Viele Handarbeitsläden bieten sowohl Kurse für Anfänger als auch für Fortgeschrittene an (zum Beispiel, um Socken oder Pullover zu stricken). Freuen Sie sich auf individuelle Pullover, Jacken, Mützen, Socken oder Sofakissen, die Sie mit Stolz Ihr Werk nennen dürfen.

102. An einer kulinarischen Stadtführung teilnehmen

Feinschmecker aufgepasst: Es muss nicht immer die klassische Sightseeing-Tour sein, bei der Ihnen schon bald der Magen knurrt, während Sie von Sehenswürdigkeit zu Sehenswürdigkeit tingeln. Es geht auch gemütlicher; und zwar mit einer kulinarischen Stadtführung. Die meisten Städte dürften nicht nur kulturell, sondern auch kulinarisch einiges zu bieten haben. Lassen Sie sich von einem Insider zu kleinen Feinkostläden, den besten Imbissen der Stadt sowie zu exzellente Restaurants führen, in die sich normalerweise so schnell kein Tourist verirrt Abseits der touristischen Wege bekommen Sie nicht nur eine völlig andere Sicht auf eine Stadt, sondern tauchen auch in eine ganz neue Geschmackswelt ein.

103. Zu Fuß durch Deutschland wandern

Zugegeben, dies ist kein kleines Projekt, aber wer kann schon von sich behaupten, die Bundesrepublik zu Fuß durchquert zu haben? Um Deutschland der Länge nach zu erwandern, müssen Sie von Sylt bis ins bayerische Sonthofen ca. 900 Kilometer (Luftlinie!) zurücklegen. Wie lange Sie für die Durchquerung benötigen, hängt natürlich stark von der gewählten Route (der schnellste Weg muss nicht unbedingt der schönste sein) und den Kilometern, die Sie pro Tag wandern, ab. Der Blogger Christof Herrmann durchquerte Deutschland innerhalb von 73 Tagen[9] auf einer 1735 Kilometer langen Route. Pro Tag legte er nach eigenen Angaben durchschnittlich ca. 27 Kilometer zu Fuß zurück. Für einen ungeübten Wanderer ein ziemlich

9 Einen Erfahrungsbericht und Tipps zur Route finden Sie im E-Book von Christof Herrmann: „Deutschland der Länge nach – 73 Tage und 1735 km von den Allgäuer Alpen bis nach Sylt".

straffes Programm, das Sie natürlich nicht nachmachen müssen. Lassen Sie sich Zeit. Als Ruheständler gibt es keinen Grund mehr, sich zu hetzen. Es spricht auch nichts dagegen, die Strecke nicht an einem Stück zu gehen, sondern im nächsten Jahr einfach von dort weiterzuwandern, wo Sie aufgehört haben. Auch wenn Sie das Projekt nicht zu Ende führen (können), gilt: Der Weg ist das Ziel. Wandern Sie der Erfahrung halber los. Sie werden erstaunt sein, wie vielfältig die Landschaften und Dörfer sind, an denen Sie vorbeikommen.

104. Plastikfrei leben

Ein Coffee to go, das Tütchen am Gemüseregal, Einweggeschirr für die Party und die Einwegflasche für unterwegs – Plastik zu verwenden ist bequem. Außerdem ist es günstig zu produzieren, sehr haltbar und variabel einsetzbar. Kein Wunder also, dass Plastik in nahezu allen Lebensbereichen vorkommt. Das Problem hierbei ist, dass die meisten Plastikprodukte Einwegprodukte mit einer sehr kurzen Lebensdauer sind. Doch leider verschwindet das Plastik hierdurch nicht. Plastik ist chemisch sehr stabil und zersetzt sich entweder gar nicht oder nur über einen sehr langen Zeitraum von mehreren Jahrhunderten. Da nur etwa neun Prozent des weltweiten Plastiks recycelt werden, landen Millionen Tonnen von Plastik in den Weltmeeren oder werden mit einem hohen Energieaufwand auf Mülldeponien verbrannt.

Es wird Zeit, dieser Tatsache entgegenzuwirken. Auch wenn Sie als Einzelperson nicht direkt die ganze Welt retten können, ist es möglich, dass Sie Ihren Plastikverbrauch deutlich reduzieren und anderen ein Vorbild sind. Fangen Sie klein an und ändern Sie Ihre Gewohnheiten Schritt für Schritt. Wie wäre es zum Beispiel, wenn Sie den Plastikseifenspender gegen feste Seifen eintauschen, Ihren Joghurt im Glas kaufen, Kaffee im Thermobecher mitnehmen oder in einem Unverpacktladen einkaufen gehen?

Wertvolle Tipps für ein plastikfreies Leben finden Sie auch im Internet. Mittlerweile gibt es auch immer mehr Blogs und Magazine, die sich schwerpunktmäßig mit dem Thema Nachhaltigkeit beschäftigen (zum Beispiel https://plastikfreier-leben.de/, https://utopia.de/, https://www.smarticular.net/, https://www.zero-waste-deutschland.de/).

105. An einer Kulturreise teilnehmen

„Die Welt ist ein Buch und wer nie reist, sieht nur eine Seite davon“, schrieb der Theologe und Philosoph Aurelius Augustinus schon vor mehr als 1500 Jahren. Eine Möglichkeit, um direkt ein ganzes Kapitel in Ihrem Reisetagebuch zu füllen, sind Kulturreisen. Wenn Sie zu den Menschen gehören, die sich für Architektur, Kunst, Musik, Geschichte oder Politik begeistern können und auch mit einem straffen Reiseprogramm klarkommen, ist diese Form des Reisens wie gemacht für Sie. Meist sind die Reisegruppen bewusst klein gehalten, um genügend Austausch mit den Einheimischen und eine Beschäftigung mit dem Zielland zu ermöglichen. Die Reiseleiter sind in der Regel ortsansässig, kennen sich mit der Kultur Ihrer Heimat bestens aus und sind gerne bereit, all Ihre Fragen zu beantworten. Wie wäre es zum Beispiel mit einer zweiwöchigen Reise durchs Baltikum mit Highlights wie etwa dem mystischen Hexenberg in Juodkrantė, dem Künstlerviertel Užupis in Vilnius und den Kurischen Nehrungen?

106. Einkochen

Vielleicht erinnern Sie sich noch an die Regale voller Einweckgläser im Keller und an den süßen Duft des eingekochten Obstes. Früher hat man ständig Lebensmittel eingekocht. Durch Tiefkühlgeräte und die Tatsache, dass die meisten Lebensmittel nun ganzjährig günstiger verfügbar sind, ist das Einkochen in den letzten Jahrzehnten ein wenig in Vergessenheit geraten. Seit einiger Zeit erlebt es allerdings ein kleines Revival. Grund hierfür ist das gestiegene Interesse an Nachhaltigkeit und biologischen Lebensmitteln. Außerdem spielt der Aspekt des Selbermachens eine große Rolle Es wird Zeit, das alte Wissen jetzt im Ruhestand wiederzubeleben. Mit dem Einkochen können Sie nicht nur Obst und Gemüse aus Ihrem Garten verwerten, sondern können auch kreativ sein und entscheiden, welche Geheimzutaten und Gewürze Sie hinzufügen – eine tolle Alternative zu den Konserven aus dem Supermarkt.

107. Als Senior-Experte arbeiten

Wer sich sein gesamtes Berufsleben über mit verschiedenen Themen beschäftigt hat, konnte sich dabei im Normalfall auch viel Fachwissen aneignen. Wissen, das andere sehr schätzen. Wenn Sie sich noch nicht komplett zur Ruhe setzen und Ihrem alten Beruf treu bleiben wollen, bietet Ihnen die Tätigkeit als Senior-Experte die Möglichkeit, Ihr Wissen weiterzugeben. Die Einsätze können sowohl in Deutschland als auch im Ausland stattfinden. Insbesondere in Entwicklungsländern leisten Senior-Experten mit ihrem nachberuflichen Engagement einen wertvollen Beitrag. Ziel ist es, den Menschen vor Ort dabei zu helfen, ihr Leben aus eigener Kraft besser zu gestalten.

Die Organisation Senior Experten Service (SES) sucht nach eigenen Angaben Experten mit langjähriger Erfahrung in allen Bereichen (beispielsweise in der Gastronomie, Medizin, Chemie, in der Metallverarbeitung, Landwirtschaft oder was Nahrungsmittel im Allgemeinen betrifft).

Mehr Informationen und die Möglichkeit zur Kontaktaufnahme finden Sie auf der Webseite des Senior Experten Services: https://www.ses-bonn.de/startseite.

108. Zeit in einem Kloster verbringen

Innehalten, die Ruhe genießen, Zeit zur religiösen Einkehr oder einfach einmal dem Alltag entfliehen – die Nachfrage nach Aufenthalten in Klöstern ist in letzter Zeit deutlich gestiegen. Die meisten Besucher erhoffen sich, in Zeiten immer schnellerer Veränderungen, in der Abgeschiedenheit der altehrwürdigen Sakralbauten Zeit zur Einkehr und Besinnung zu finden. Eine gute Gelegenheit also, um mit dem Arbeitsleben abzuschließen und im Ruhestand anzukommen.

Im Gegensatz zu Hotels und Pensionen ist der Aufenthalt in einem Kloster meist spartanischer, dafür aber auch persönlicher. Wer einen Gesprächspartner braucht, wird nicht allein gelassen. Dennoch empfiehlt es sich, vorab genau zu überlegen, was man will, und sich die Zeit zu nehmen, um nach einem passenden Kloster zu suchen. Denn: Kloster ist nicht gleich Kloster. Von einigen Klöstern ist nicht viel mehr als das historische Gebäude übriggeblieben, während Sie in anderen Klöstern eng mit Nonnen oder Mönchen zusammenleben können. Dementsprechend unterschiedlich kann Ihr Aufenthalt aussehen. Neben Einkehrtagen und Schweigewochen können Sie in einigen Klöstern Kreativangebote wahrnehmen oder sogar Wellness-Angebote nutzen.

Egal, wie Sie Ihren Klosterurlaub verbringen möchten, Sie werden mit Sicherheit genug Ruhe und Muße finden, um Ihren Geist auf das aufregende Leben im Ruhestand vorzubereiten.

109. Als Haussitter auf ein fremdes Haus aufpassen

Reisen kann ganz schön teuer sein, insbesondere dann, wenn man auch noch Wert auf eine einigermaßen komfortable Unterkunft legt. Doch es gibt eine Möglichkeit, wie Sie weltweit mietfrei in tollen Häusern wohnen können: durch Haussitting. Während die eigentlichen Besitzer verreist sind, ziehen Sie vorübergehend in deren Haus ein und erledigen anfallende Arbeiten wie Pflanzen gießen, den Briefkasten leeren und die zurückgelassenen Haustiere versorgen.

Eine klassische Win-win-Situation für beide Seiten. Sie können für einige Zeit mietfrei in tollen Häusern rund um den Globus wohnen und sich so teure Unterkunftskosten sparen. Die Hausbesitzer können wiederum entspannt in den Urlaub fahren und brauchen sich keine Sorgen um ihr Haus oder die Haustiere zu machen.

In der Regel dauern die Haussitter-Jobs ein bis drei Wochen. Es gibt aber auch Jobs, bei denen die Besitzer länger verreist sind. Um einen Job als Haussitter zu finden, können Sie sich gegen eine vergleichsweise geringe

Gebühr bei den untenstehenden Plattformen anmelden, direkt auf die Gesuche der Hausherren reagieren und sich bewerben. Als Senior dürften Sie sich bei dem einen oder anderen Hausbesitzer über einen Vertrauensvorschuss freuen.

(Internationale) Haussitter-Jobs finden Sie auf folgenden Seiten:

- TrustedHouseSitters: https://www.trustedhousesitters.com/
- House Carers: https://www.housecarers.com/
- Nomador (deutschsprachig): https://www.nomador.com/
  https://www.pawshake.de/haussitter

110. Eine (Plus-)WG gründen

Wohngemeinschaften (kurz: WGs) sind ein Modell, das nicht nur bei Studenten funktioniert. Das Stichwort lautet: Plus-WG. Bei dieser noch wenig bekannten Wohnform leben Menschen ab einem Alter von 50 Jahren selbstständig und ohne externe Hilfe zusammen. Dadurch grenzt sich die Plus-WG sehr deutlich von der Senioren-WG oder Pflege-WG ab, auch wenn die Plus-WG im Laufe der Zeit zu einer Pflege-WG werden kann.

Wenn Sie alleinstehend sind, ist eine Plus-WG eine großartige Möglichkeit, um Zeit mit anderen Menschen zu verbringen und den eigenen Bekannten- und Freundeskreis zu vergrößern. Die Gemeinschaft Gleichgesinnter unterstützt sich gegenseitig und bringt viel Abwechslung in Ihr Leben. Zudem kann das Wohnen in einer Wohngemeinschaft eine große finanzielle Entlastung sein, beispielsweise wenn Sie Zimmer in Ihrem Haus oder in Ihrer großen Wohnung untervermieten. Umgekehrt können Sie mit einem Budget, das gerade mal für eine Zwei-Zimmer-Wohnung reichen würde, ein Zimmer in einem Haus mit großem Garten beziehen. Natürlich ist eine WG zu Beginn eine große Umstellung, gerade wenn Sie länger allein gewohnt haben. Deshalb sollten Sie sich im Vorfeld genügend Zeit nehmen, um Ihre potenziellen Mitbewohner gut kennenzulernen.

Ausführliche Informationen zu dieser Wohnform, Erfahrungsberichte und die Möglichkeit, Gleichgesinnte zu finden, bekommen Sie unter https://wohnenab50.de/.

111. Stand-up-Paddling

Stand-up-Paddling (SUP) gewinnt rasant an Popularität. Mit Sicherheit haben Sie auf den heimischen Seen auch schon einige Stehpaddler entdeckt. Gesellen Sie sich im nächsten Sommer doch einmal dazu. Im Gegensatz zum Surfen, Kitesurfen, Wasserskifahren und Co ist Stand-up-Paddling eine eher harmlose Wassersportart. Auch ohne gutes Fitnesslevel reicht meist ein mehrstündiger Einführungskurs aus, um die Sportart ausüben zu können. Als Stehpaddler trainieren Sie neben Gleichgewicht und Koordination vor allem Ihre Rumpfmuskulatur. Die Intensität bestimmen Sie selbst. Wenn Ihnen danach ist, können Sie sich auch einfach ein Weilchen treiben lassen und die Natur genießen. SUP-Boards erhalten Sie ab einem Preis von ca. 300 Euro aufwärts. An vielen Seen gibt es aber auch Stationen, an denen Sie sich die Boards für ein paar Stunden ausleihen können.

112. Ein Tattoo stechen lassen

„Tattoos sind nur was für Kriminelle", finden häufig vor allem ältere Leute. Im Gegenteil: Heutzutage sind Tattoos in der Mitte der Gesellschaft angekommen und gesellschaftlich völlig akzeptiert – und das nicht nur bei der jüngeren Generation. Viele Tattoo-Neulinge haben bei ihrem ersten Besuch im Tattoo-Studio die 60 schon deutlich überschritten. Warum auch nicht? Fürs Tätowieren gibt es keine Altersbeschränkung und Sorgen, dass die Karriere Schaden nehmen könnte, brauchen Sie sich ohnehin nicht mehr zu machen. Vielleicht haben Sie ein Wunschmotiv, das Sie schon seit Jahren seit Jahren im Kopf haben, aber sich nie getraut haben, es zu realisieren. Im Übrigen brauchen Sie sich bei seriösen Tattoo-Studios (schauen Sie auf die Bewertungen und fragen Sie Freunde und Bekannte, die Tattoos haben) keine Sorgen um Ihre Gesundheit und die Hygiene zu machen. Die Hygienestandards in Studios sind hoch und werden auch regelmäßig vom Gesundheitsamt kontrolliert. Genauso unbegründet sind Bedenken wegen Ihrer „älteren Haut". Professionelle Tätowierer wissen, wie sie damit umgehen müssen. Zudem sind die klassischen Stellen für Tätowierungen wie Knöchel, Schulter oder Oberarm eher weniger von Alterungsprozessen betroffen. Also los, Ihr gestochenes Kunstwerk wartet auf Sie!

113. Einen Selbstverteidigungskurs besuchen

Trickbetrug, Diebstahl, Raub: Als älterer Mensch gilt man schnell als leichte Beute. Doch als Rentner brauchen Sie sich keinesfalls mit der Rolle des wehrlosen Opfers abfinden, es zählt nicht immer nur Kraft, um einen Angriff erfolgreich zu verhindern. Ein Selbstverteidigungskurs macht aus Ihnen bei einem Alter von über 60 zwar kein Karategenie mehr, doch darum geht es auch nicht. Vielmehr lernen Sie, wie Sie gefährliche Situationen frühzeitig erkennen und vermeiden können. Sollte sich eine heikle Situation dennoch nicht verhindern lassen, lernen Sie einfache Verteidigungstechniken, mit denen Sie den Angreifer so lange aufhalten können, bis Hilfe kommt, oder mit denen Sie ihn sogar in die Flucht schlagen können. Wichtig ist auch, den Umgang mit Verteidigungswaffen wie Pfeffersprays, Taschenalarmen und Co zu trainieren, um sich im Ernstfall auch wirklich zu trauen, sie anzuwenden. Zu wissen, wie Sie sich im Ernstfall verteidigen können, verschafft Ihnen noch einen weiteren Vorteil: eine selbstbewusste Ausstrahlung.

114. Klassiker der Weltliteratur lesen

Endlich mehr Zeit zum Lesen! Es gibt Bücher, die so gut geschrieben sind, dass wir die Zeit um uns herum vergessen. Auch wenn die Einschätzung, was ein gutes Buch ist, sehr subjektiv ist, gibt es einige Bücher, die über Ländergrenzen hinweg weit verbreitet sind und viel Beachtung erfahren haben oder noch immer erfahren. Sie können Ihre Literaturliste durch unterschiedliche Herangehensweisen zusammenstellen. Schauen Sie sich die Liste der Nobelpreisträger für Literatur an, nehmen Sie sich die Literatur eines Landes oder einer Epoche vor oder vertrauen Sie auf bereits bestehende Listen. Beispielsweise auf jene der „ZEIT-Bibliothek der 100 Bücher“, auf die „BBC-Big-Read-Liste“ oder auf „Die 100 Bücher des Jahrhunderts“ von Le Monde.

Ideen für Ihre Literaturliste:

- „Die Blechtrommel“ von Günter Grass
- „Der alte Mann und das Meer“ von Ernest Hemingway
- „Faust“ von Johann Wolfgang von Goethe
- „Berlin Alexanderplatz“ von Alfred Döblin
- „Don Quijote“ von Miguel des Cervantes
- „Stolz und Vorurteil“ von Jane Austen
- „Ulysses“ von James Joyce
- „Moby Dick“ von Herman Melville
- Das Parfüm“ von Patrick Süskind
- „Der Begriff Angst“ von Søren Kierkegaard
- „Deutschland ein Wintermärchen“ von Heinrich Heine
- „Oliver Twist“ von Charles Dickens
- „Die Geschichte meines Lebens“ von Giacomo Casanova
- Gullivers Reisen von Jonathan Swift
- „Auf der Suche nach der verlorenen Zeit“ von Marcel Proust

- „Der Steppenwolf“ von Hermann Hesse
- „Anna Karenina“ von Leo Tolstoi

115. Filmklassiker schauen

Ebenso wie bei Büchern gibt es bei Filmen grandiose Klassiker, die der Mehrheit etwas sagen und auch gern zitiert werden. Häufig sind diese Klassiker aber den meisten Leuten nur in Ausschnitten oder vom Hörensagen bekannt. Bestimmt stehen auf Ihrer persönlichen Liste auch die ein oder anderen Filme, die Sie schon seit Jahren, wenn nicht schon Jahrzehnten, endlich einmal in Ruhe schauen möchten. Im Gegensatz zu früher ist es heute allerdings deutlich leichter geworden, an Filme zu kommen. Sie müssen nicht mehr warten, bis diese zufälligerweise einmal im Fernsehen laufen, und brauchen auch keine Videotheken mehr abzuklappern. Mit Streamingdiensten wie Amazon Prime oder Netflix können Sie für eine monatliche Abogebühr so viele Filme schauen, wie Sie möchten. Wie wäre es, ein paar Freunde für regelmäßige Heimkinoabende zusammenzutrommeln, bei denen Sie jedes Mal einen anderen Klassiker schauen, selbstgemachtes Popcorn verdrücken und hinterher bei einem Glas Wein über den Film diskutieren?

Ideen für Ihre Filmliste:

- „Scarface“ (1983)
- „Fight Club“ (1999)
- „Die Verurteilten“ (1994)
- „Citizen Kane“ (1941)
- „Der weiße Hai“ (1975)
- „Pulp Fiction“ (1994)
- „Vom Winde verweht“ (1939)
- „Einer flog über das Kuckucksnest“ (1975)
- „Psycho“ (1960)
- „Der Herr der Ringe“ (Trilogie, 2001–2003)
- „Titanic“ (1997)
- „Casablanca“ (1942)
- „Die sieben Samurai“ (1954)

- „Apocalypse Now“ (1979)
- „Vertigo“ (1958)
- „Der Pate“ (1972)
- „Spiel mir das Lied vom Tod“ (1968)

116. Einen Brieffreund finden

Das sehnsüchtige Warten auf den Postboten, der aufgeregte Blick in den Briefkasten und die Freude, eine bekannte Handschrift auf dem Briefumschlag zu entdecken – all das ist heutzutage selten geworden. Schließlich erscheint es auf den ersten Blick auch überflüssig, zu Stift und Papier zu greifen, eine Briefmarke zu kaufen, zum Postkasten zu laufen und auf Empfängerseite noch einmal ein paar Tage zu warten, wenn es via E-Mail oder WhatsApp auch innerhalb von ein paar Minuten geht. Doch auch wenn digitale Technologien den Kontakt mit Freunden und Verwandten deutlich erleichtern, gibt es neben ein bisschen Nostalgie noch weitere Gründe, die für eine Brieffreundschaft sprechen.

Zum Beispiel ist ein handschriftlicher Brief mit beigelegten Fotos, kleinen Zeichnungen und auf schönem Briefpapier geschrieben viel persönlicher als eine E-Mail in Calibri oder Times New Roman mit ein paar Emojis und Bildern im Anhang. Kein Wunder also, dass sich in unserer schnelllebigen und häufig auch unpersönlichen Zeit immer mehr Menschen wieder einen klassischen, langsamen Briefwechsel wünschen. Portale für Brieffreundschaften helfen Ihnen dabei, sowohl Brieffreunde aus Deutschland als auch aus der ganzen Welt zu finden. So erfahren Sie nicht nur eine Menge über die Kultur eines anderen Landes, sondern können gleichzeitig eingerostete Sprachkenntnisse auffrischen. Die Distanz und die Zeit zwischen den Briefen ermöglichen es Ihnen, eine Freundschaft langsam aufzubauen und mit jedem Brief mehr über Ihren Brieffreund zu erfahren. Immer wieder gipfeln solche Freundschaften in realen Begegnungen und gegenseitigen Besuchen.

Brieffreunde können Sie beispielsweise hier finden:

- https://www.brieffreunde.de/

- https://www.mylanguageexchange.com/
- https://www.brieffreund-gesucht.de/
- https://penpal-gate.net/
- https://www.interpals.net/
- https://www.globalpenfriends.com/

117. Bundesfreiwilligendienst machen

Der Bundesfreiwilligendienst richtet sich – anders als dies viele vermuten – an alle Altersgruppen. Eine Altersgrenze gibt es nicht. Senioren sind ausdrücklich willkommen. Die Einsatzfelder sind vielfältig. Ob Pflege, Tier- und Naturschutz, Jugendarbeit, Denkmalschutz, Kultur oder Sport: Sie finden bestimmt einen Bereich, der Sie interessiert. Wenn Sie ein spannendes Projekt kennen, das dringend Unterstützung benötigt, besteht sogar die Möglichkeit, eine neue Einsatzstelle zu schaffen und anerkennen zu lassen.

Was Sie mitbringen müssen, sind sechs bis zwölf Monate Zeit (verlängerbar auf bis zu 24 Monate), in denen Sie mindestens 20 Stunden pro Woche in ein Projekt investieren können. Gerade zu Beginn des Ruhestands ist die Tätigkeit als „Bufdi“ ideal, wenn Sie nicht direkt von 100 auf 0 runterschalten wollen. Im Gegenzug erhalten Sie eine Aufwandsentschädigung von bis zu 414 Euro (Stand 2020) und die Möglichkeit, an kostenlosen Seminaren teilzunehmen. Weitere Informationen und eine Einsatzstellensuche finden Sie unter https://www.bundesfreiwilligendienst.de/.

118. Mit dem Rauchen aufhören

Wenn Sie denken, es sei jetzt ohnehin schon zu spät, um mit dem Rauchen aufzuhören, täuschen Sie sich. Ein Rauchstopp lohnt sich immer, egal, wie alt Sie sind. Beschwerden wie Kurzatmigkeit und Husten verbessern sich bereits nach einigen Wochen deutlich. Eine im British Medical Journey veröffentlichte Studien zeigt: Diejenigen, die zwischen 60 und 69 mit dem Rauchen aufhören, haben eine um 23 Prozent geringere Sterblichkeit als gleichaltrige Raucher[10]. Sie möchten doch noch lange etwas von Ihrem Ruhestand haben, deshalb ist der perfekte Zeitpunkt, um sich von dem Glimmstängel zu verabschieden, genau jetzt. Mit dem Austritt aus dem Berufsleben entfallen nicht nur die Raucherpausen mit den Kollegen, sondern auch viele Stressmomente, die gewohnheitsmäßig nach einer Zigarette verlangt haben. Häufige Entzugssymptome wie Reizbarkeit, Schlafstörungen, Unruhe und eine verminderte Konzentrationsfähigkeit lassen sich auch viel besser aushalten, wenn Sie keinen Arbeitstag mehr stemmen müssen.

Insbesondere dann, wenn Sie schon seit einigen Jahrzehnten rauchen und mehrere gescheiterte Aufhörversuche hinter sich haben, kann es sinnvoll sein, sich von einem Arzt beraten zu lassen und an einem Raucherentwöhnungsprogramm teilzunehmen.

119. Angeln

Packen Sie schon einmal Klappstuhl, Thermoskanne und Ihre dicksten Socken ein. Angeln ist ein Hobby, für das man viel Geduld und vor allem Zeit benötigt. Aber die haben Sie ja jetzt. Geduld brauchen Sie schon, bevor es losgeht. Um Ihre Angelroute überhaupt auswerfen zu dürfen, müssen Sie nämlich erst einen Angelschein machen. Schließlich gilt es, beispielsweise hinsichtlich der Schonzeiten der Fische, einiges zu beachten. Hierzu besuchen Sie in der Regel einen Vorbereitungskurs, bei dem Sie je nach Bundesland Kenntnisse in Themengebieten wie Recht oder Fisch- und Gewässerkunde erhalten. Anschließend steht noch eine Prüfung an, die mit ein wenig Vorbereitung aber absolut machbar sein dürfte. Und dann heißt es auch schon: „Petri Heil!“, wie Angler sich grüßen. Frühmorgens die Stille zu genießen und den Blick auf die Natur zu richten, kann herrlich entspannend sein. Viele Angler beschreiben diese Zeit als einen Moment des inneren Friedens.

---

10 Mayor, Susan (2016): „Quitting smoking reduces mortality at any age, study of over 70s finds“. BMJ: British Medical Journal (Online), S. 355.

Dies täuscht allerdings nicht darüber hinweg, dass die Fische Schmerzen erleiden, wenn sie mit ihrem ganzen Gewicht an der Angel hängen und an Land gezogen werden, wo sie nicht atmen können. Wenn Sie sich dennoch für dieses Hobby entschließen, seien Sie so verantwortungsvoll, die Tiere nicht unnötig zu quälen. Ziehen Sie Ihren Fang schnellstmöglich an Land und töten Sie ihn fachgerecht. Machen Sie sich auch vor Ihrem Angelausflug schon Gedanken darüber, ob Sie Ihren Fisch selbst verwerten möchten und/ oder wer in Ihrem Bekanntenkreis Interesse an frischem Fisch hat.

120. Allein verreisen

Endlich Zeit zum Reisen, aber all Ihre Freunde oder Ihr Partner stehen noch mitten im Berufsleben oder haben keine Lust auf eine Reise? Was zuerst nach einer entmutigenden Situation klingt, kann zu einem wunderbaren Erlebnis werden. Denn allein auf Entdeckungstour zu gehen, hat durchaus Vorzüge. Zunächst einmal müssen Sie sich mit niemandem über das Reiseziel, die Reisezeit und die Unterkunft einigen. Vor Ort können Sie ganz Ihren Bedürfnissen nachgehen und müssen sich mit niemandem arrangieren. Bis mittags schlafen, statt frühmorgens einen Tempel zu besichtigen oder einen Museumsmarathon zu absolvieren – es ist Ihnen überlassen, wie Sie Ihren Tag gestalten. Dadurch dass Ihr Fokus nicht auf Ihrem Reisepartner liegt, werden Sie sowohl Ihre Umgebung als auch andere Touristen und Einheimische stärker wahrnehmen. So können Sie sicherlich viel schneller mit ihnen in Kontakt kommen. Letztendlich kann eine Soloreise Ihrem Selbstbewusstsein auch großen Aufschwung geben. Immerhin beweisen, dass Sie eine Reise nicht nur komplett selbst organisieren können, sondern auch Sprachbarrieren, Navigation und die Reiseplanung vor Ort in Eigenregie gestemmt haben.

121. An einem Running Dinner teilnehmen

Sie lieben es, zu kochen und neue Leute kennenzulernen? Dann sollten Sie an einem Running Dinner teilnehmen. Ein Running Dinner (alternativ auch „Rudi rockt“ oder „Flying Dinner“ genannt) zielt darauf ab, neue Leute kennenzulernen und einen unterhaltsamen Abend zu verbringen. Das Prinzip ist einfach: Jeweils zwei Personen bilden ein Team. Das Los entscheidet dann, ob Sie für die Vorspeise, Hauptspeise oder den Nachtisch zuständig sind. Pro Gang treffen Sie auf zwei andere Kochpärchen, welche die anderen Gänge zubereiten. Um sich das komplette Drei-Gänge-Menü schmecken lassen zu können, müssen Sie allerdings schnell sein: Die Mahlzeiten werden nämlich bei den jeweiligen Teams zu Hause eingenommen, somit wechselt der Ort immer wieder.

122. Einen Hamam besuchen

Hinter diesem ungewöhnlich klingenden Wort verbirgt sich eine traditionelle Badezeremonie aus der Türkei. Der Aufenthalt dient in Vorderasien der Reinigung und Entspannung. Ein Hamam ist aber auch ein Ort, an dem Menschen zusammenkommen. Insbesondere dann, wenn die Temperaturen in der Sauna jenseits Ihrer Wohlfühlgrenze klettern, kann der Hamam eine tolle Alternative sein.

Der Ablauf sieht ungefähr folgendermaßen aus:

1. Als Erstes folgt der Gang unter die Dusche, um sich vom gröbsten Schmutz zu befreien.
2. Anschließend geht es ins ca. 50 Grad heiße Dampfbad, um sich zu entspannen und die Poren für die weitere Behandlung zu öffnen.
3. Im Anschluss seifen Sie sich ein und lassen lauwarmes Wasser über Ihren Körper laufen, bevor Sie für weitere zehn bis fünfzehn Minuten entspannen.
4. Nach der Entspannung legen Sie sich auf eine warme Marmorplatte, auf der Sie mit einem speziellen Massagehandschuh massiert werden. Hierdurch lösen sich abgestorbene Hautzellen.

5. Im Anschluss werden Sie noch mal mit Schaum eingehüllt und massiert.
6. Anschließend können Sie noch eine Weile im Ruheraum mit einem Çay-Tee entspannen.

Übrigens: Um in den Genuss türkischer Wellnesstempel zu kommen, brauchen Sie keinen Urlaub in der Türkei buchen. Hamams gibt es mittlerweile auch in vielen deutschen Städten.

123. Legehennen ein Zuhause geben

Haben Sie schon einmal mit dem Gedanken gespielt, Hühner zu halten? Dann geben Sie doch ehemaligen Legehennen eine zweite Chance, denn ihr kurzes Leben in der Eierindustrie ist nicht schön. Viele Tiere erblicken nicht ein einziges Mal das Tageslicht, bevor es für sie aufgrund nachlassender Legeleistung bereits nach ca. eineinhalb Jahren auf die Schlachtbank geht. Einige landen später in einem Suppentopf, der Rest wird entsorgt. Der Verein Rettet das Huhn e.V. setzt sich dafür ein, zumindest einem kleinen Teil der ausgedienten Ei-Lieferantinnen eine Chance auf einen schönen Lebensabend zu geben. Daran ist nichts illegal. Die Hennen werden nach Absprache mit den Landwirten vom Verein abgeholt und anschließend an Hennenpaten weitervermittelt. Voraussetzung für die Aufnahme von Hennen ist ihre artgerechte Unterbringung (genauere Informationen finden Sie auf der Webseite des Vereins unter https://www.rettet-das-huhn.de/). Gleichzeitig sollten Sie auch dazu bereit sein, auf die speziellen Bedürfnisse der hochgezüchteten und ausgelaugten Tiere einzugehen.

124. Sich ein Pedelec zulegen

Ein gutes Fahrrad ist nicht günstig, ein gutes Pedelec erst recht nicht. Dafür ermöglicht es Ihnen, auch größere Strecken oder Steigungen ohne Probleme zurückzulegen. Praktisch, wenn Sie vom Einkaufen nicht immer völlig nassgeschwitzt nach Hause kommen wollen, nur weil ein Berg auf Ihrem Heimweg liegt. Haben Sie keine Sorge, dass Sie durch das Pedelec faul werden könnten. Ohne Ihre Unterstützung passiert nämlich gar nichts. Im Gegensatz zu E-Bikes, die auch ohne Pedalunterstützung fahren, bieten Pedelecs nur dann Motorunterstützung, wenn Sie auch selbst in die Pedale treten. Zudem führt der Kauf eines Pedelecs bei den meisten Nutzern dazu, dass sie sich öfter und vor allem auch für längere Touren aufs Rad schwingen. Denn das Pedelec gibt vor allem eines: Sicherheit. Der elektrische Hilfsmotor kann je nach Bedarf angestellt werden, sodass Sie keine Angst davor haben brauchen, dass Ihnen auf halber Strecke die Puste ausgeht. Je nach Modell kann das Rad sogar Ihren Puls messen und passt die Motorunterstützung so an, dass Sie im optimalen Pulsbereich fahren.

Tipp: Da ein Pedelec eine kostspielige Anschaffung ist, empfiehlt es sich, einen Fachhändler aufzusuchen und sich dort professionell beraten zu lassen. Sie sollten Ihr Pedelec vorher unbedingt testen können.

125. Mit Modellbau beginnen

Die große Welt in ganz klein. Modellbau ist ein faszinierendes Hobby, das viel Geduld und Fingerspitzengefühl erfordert. Vielleicht konnten Sie dies nach Feierabend bislang nur schwer finden. Umso schöner, dass Sie jetzt endlich Zeit dazu haben, um in Miniaturwelten abzutauchen. Egal, wo Ihre Interessen liegen, die Welt des Modellbaus ist vielfältig. Sie können sich ganz klassisch Ihrer Modelleisenbahn widmen, Schiffe, Flugzeuge und Fahrzeuge nachbauen oder all Ihre Aufmerksamkeit in ein liebevoll eingerichtetes Puppenhaus stecken.

126. Tafelhelfer werden

Die Tafel ist eine der größten ehrenamtlichen Bewegungen in Deutschland. Tausende von Helfer tragen dazu bei, noch genießbare Lebensmittel vor dem Müll zu retten und an Bedürftige zu verteilen. Die kostenfreien oder gegen einen symbolischen Beitrag bereitgestellten Lebensmittel helfen vielen Menschen, finanziell über die Runden zu kommen. Werden Sie als Tafelhelfer Teil dieser Bewegung. Ehrenamtliche Helfer werden immer gesucht, egal, ob Sie als Fahrer, in der Warenausgabe oder bei der Organisation von Veranstaltungen helfen möchten. Die Bandbreite an Einsatzbereichen ist vielfältig und geht über die reine Essensverteilung hinaus. Auch Nachhilfelehrer und Dolmetscher sind gefragt. Wenn Sie sich engagieren möchten, nehmen Sie am besten Kontakt zu einer Tafel in Ihrer Nähe auf (https://www.tafel.de/ueber-uns/die-tafeln/tafel-suche/) und besprechen mit den Verantwortlichen mögliche Einsatzbereiche.

Übrigens: Nicht nur die Besucher der Tafel profitieren von Ihrem Engagement. Die Mithilfe ist auch für Sie persönlich ein Gewinn, denn Sie kommen mit ähnlich denkenden Menschen verschiedener Altersgruppen und kultureller Hintergründe zusammen, denen Sie sonst vermutlich nicht begegnen würden.

127. Ein professionelles Fotoshooting machen

Wann haben Sie sich das letzte Mal professionell ablichten lassen? Nur Sie allein? Bewerbungsfotos und Passbilder zählen nicht. Falls das schon einige Jahrzehnte her ist oder Sie sich nicht daran erinnern können, überhaupt einmal vor und nicht nur hinter der Kamera gestanden zu haben, wird es höchste Zeit für ein professionelles Fotoshooting. Um schöne Bilder zu machen, ist man schließlich nie zu alt. Gerade Menschen mit viel Lebenserfahrung strahlen dies auch vor der Kamera aus, sodass wunderschöne, ausdrucksstarke Fotos entstehen. Vielleicht drehen Sie den Spieß einmal um:

Schenken Sie Ihren Kindern oder Enkeln schöne Fotos von Oma und Opa statt umgekehrt.

128. An einer Extremwanderung teilnehmen

Mit Sicherheit kennen Sie das schmerzhafte Gefühl in den Füßen, wenn Sie nach einem anstrengenden Sightseeing-Tag die Schuhe ausziehen und Ihr Smartphone Ihnen mitteilt, dass Sie ganze 20 Kilometer zurückgelegt haben. Jetzt stellen Sie sich bitte vor, noch weitere 80 Kilometer laufen zu müssen. Bei Extremwanderungen wie dem Mammutmarsch oder Megamarsch gilt es, diese Distanz innerhalb von 24 Stunden zurückzulegen. Wenn Ihnen das – verständlicherweise – doch eine Nummer zu groß ist, gibt es auch kürzere Varianten mit „nur“ 30 oder 50 Kilometern.

Warum Sie sich diese Strapazen antun sollten? Nun ja, wer kann schon von sich behaupten, 30, 50 oder gar 100 Kilometer am Stück gewandert zu sein? Auch wenn Sie die Ziellinie nicht überqueren sollten, können Sie verdammt stolz auf sich sein, den Mut und die Disziplin aufgebracht zu haben, überhaupt gestartet zu sein.

Hier finden Sie mehr Informationen zu den jeweiligen Events:

Mammutmarsch: https://mammutmarsch.de/

Megamarsch: https://www.megamarsch.de/

129. Beim Tai-Chi im Park mitmachen

Tai-Chi ist eine in China entwickelte Kampfkunst, die eine lange Tradition hat. Der Legende nach geht Tai-Chi auf ein Erlebnis des taoistischen Mönchs Zhang Sangfen zurück, der den Kampf zwischen einer Schlange und einem Kranich beobachtete. Die Schlange wich mit ihrem Körper immer wieder geschickt aus, bis der eigentlich stärkere Kranich erschöpft aufgeben musste. Diese Elemente der Nachgiebigkeit und der fließenden Bewegungen sind wichtige Grundlagen des Tai-Chi. Der eigentlich stärkere Gegner soll durch geschicktes Ausweichen und scheinbares Nachgeben besiegt werden.

Heutzutage steht beim Tai-Chi allerdings mehr der gesundheitliche Aspekt im Vordergrund. Auch außerhalb Chinas treffen sich immer mehr Menschen in öffentlichen Parks, um die anmutigen Bewegungen auszuüben. Machen Sie doch einfach einmal mit! Sowohl auf den Körper als auch auf den Geist soll die Kampfkunst positive Auswirkungen haben. So soll Tai-Chi beispielsweise die Körperwahrnehmung stärken, die Haltung verbessern, Stress abbauen und die Beweglichkeit fördern.

130. Mit Nordic Walking beginnen

Wer rastet, der rostet! Mit Nordic Walking schlagen Sie direkt mehrere Fliegen mit einer Klappe. Der finnische Gesundheitssport ist nämlich ein perfektes Ganzkörpertraining. Sie beanspruchen nicht nur den Großteil Ihrer gesamten Körpermuskulatur, sondern trainieren auch Ausdauer und Koordination. Gleichzeitig ist Nordic Walking aber nicht so belastend wie andere Sportartarten. Im Gegenteil: Die Bewegungen sind besonders gelenkschonend. Aufgrund der einfachen Variation von Strecke, Geschwindigkeit und Dauer können auch Anfänger schnell einsteigen. Allerdings sollten Sie sich vom ersten Eindruck nicht täuschen lassen. Nordic Walking mag einfach aussehen und wird aus diesem Grund auch oft belächelt, dennoch empfiehlt es sich, zu Beginn einen Einsteigerkurs zu besuchen, da sich falsche Bewegungsabläufe nur schwer wieder korrigieren lassen. Im Kurs bekommen Sie jede Menge Tipps zur richtigen Technik und Ausrüstung. Zudem lernen Sie dort direkt ein paar Gleichgesinnte kennen. Walken ist nämlich ein sehr geselliger Sport, bei dem Sie schnell neue Kontakte knüpfen können.

131. Kalligrafie lernen

Kalligrafie ist die hohe Kunst des Schönschreibens. Hierbei ist die Schrift nicht nur Mittel zum Zweck, sondern ein wesentliches Gestaltungselement, in dem sich Emotionen, Persönlichkeit und Kreativität des Verfassers widerspiegeln. Da es keine Löschtaste gibt, erfordert die Kalligrafie ein hohes Maß an Konzentration. Beim Schreiben kann es daher schnell passieren, dass Sie in einen meditativen Zustand kommen und alles um sich herum vergessen. Ideal, wenn Sie den Kopf freibekommen und ein wenig abschalten möchten.

Falls Sie sich etwas aus schönen Buchstaben machen, könnte Ihnen auch das sogenannte Lettering gefallen, welches in den letzten Jahren populär geworden ist. Während es bei der Kalligrafie um das flüssige Schreiben ganzer Texte geht, liegt der Fokus beim Handlettering nicht auf der Handschrift, sondern auf einzelnen Wörtern und kurzen Sprüchen. Hierbei werden die Buchstaben eher gezeichnet als geschrieben. Das Schöne ist, dass es keine wirklichen Regeln gibt – erlaubt ist, was gefällt. Sie können ausdrücklich verschiedene Schriften, Stile und Stifte miteinander kombinieren und kreativ sein.

Setzen Sie Ihre Gedichte, Grußkarten oder Briefe mit Tinte und Feder doch mal so richtig schön in Szene setzen. Insbesondere was das Lettering angeht, gibt es in den DIY-Anleitungen (Do-it-Yourself-Anleitungen, also Anleitungen, wie man Dinge selbst umsetzen kann) der Buchhandlungen unzähligen Bücher mit kreativen Ideen.

132. Sich in einer Partei engagieren

Die Parteien in Deutschland stehen vor einem großen Problem: Ihnen springen die Mitglieder ab bzw. treten immer weniger Menschen einer Partei bei. Immer wieder ist auch von der Politikverdrossenheit der Gesellschaft die Rede. Meckern ist einfach. Allerdings hat das noch nie sonderlich viel gebracht. Wenn Sie Ihre Interessen nicht berücksichtigt sehen, dann stützen Sie die Demokratie, indem Sie sich in einer Partei engagieren. Parteien sind die richtige Plattform, um Ihre Ideen einzubringen und zu diskutieren. Auch auf lokaler Ebene können Sie in Ihrem Ortsverband viel bewirken.

Die meisten Parteien bieten auch eigene Arbeitsgemeinschaften für Senioren an:

- CDU: https://www.senioren-union.de/
- SPD: https://60plus.spd.de/
- Bündnis 90/Die Grünen: https://www.gruenealte.de/
- FDP: https://www.liberale-senioren.de/
- Die Linke: https://www.die-linke.de/partei/parteistruktur/zusammenschluesse/bag-senioren/

Am besten wenden Sie sich an den jeweiligen Ortausschuss Ihrer favorisierten Partei. Hier wird man Sie sicher gerne über die Möglichkeiten einer Partizipation informieren.

133. Eine Baumpatenschaft übernehmen

35 Grad und seit Wochen kein Regen in Sicht – die Sommer werden immer heißer. Unter der Hitze und Trockenheit leiden neben uns Menschen vor allem die Bäume in den Städten. Besonders Jungbäume, die noch keine so tiefen Wurzeln entwickeln konnten, haben es schwer. In vielen Städten sind die städtischen Gärtner sehr bemüht darum, die Bäume mit Wasser zu versorgen, doch vielerorts kommen sie kaum hinterher. Aus diesem Grund werden dringend Baumpaten gesucht. Ihr Job als Baumpate besteht darin, den Baum in Trockenperioden zu gießen, Müll zu entfernen und eventuelle Schäden dem Gartenamt zu melden. Gar nicht mal so aufwendig, oder?

Einen passenden Job als Baumpate finden Sie in der Regel auf der Webseite Ihrer Stadt.

134. Einem Debattierclub beitreten

Schaut man sich so manchen Kommentar in den sozialen Netzwerken an, entsteht schnell der Eindruck: Heutzutage bemüht sich niemand mehr, sich in die Perspektive eines anderen einzufühlen oder andere Meinungen gelten zu lassen. Kein Wunder. Es ist ein ziemlich simpler Reflex, online lautstark seine Empörung kundzutun, notfalls mit Beleidigungen und Halbwahrheiten. Doch das geht auch anders! Wenn Sie hitzige Diskussionen lieben, aber Ihnen hierzu bislang die Plattform zum stilvollen Diskutieren fehlt, dann sind Sie in einem Debattierclub genau richtig. Im angelsächsischen Raum blicken Debattierclubs und Debattierwettbewerbe auf eine lange Tradition zurück. Aber auch hierzulande erfreut sich die gepflegte Streitkultur glücklicherweise zunehmender Beliebtheit. Beim Debattieren geht es immerhin nicht darum, die eigene Meinung vor der Menschheit auszubreiten, sondern vielmehr darum, ein Problem von mehreren Seiten zu betrachten und auch das eigene Verhalten zu hinterfragen. Genau genommen ist in den meisten Debattierclubs die eigene Meinung sogar ziemlich egal, da die Standpunkte – meist zu ethischen oder politischen Fragen – zugelost werden.

Nach einer kurzen Vorbereitungszeit geht es dann darum, nicht nur möglichst starke Argumente vorzutragen, sondern diese den Zuhörern auch noch spannend zu vermitteln. Eine Jury entscheidet dann, welche Seite gewonnen hat. Gar nicht so einfach. Doch die Fähigkeit, andere zu überzeugen, lässt sich antrainieren. Sie werden merken, dass Sie mit der Zeit immer besser darin werden, Ihre Gedanken schlüssig und überzeugend zu äußern, auch wenn die jeweilige Position nicht Ihrer persönlichen Meinung entspricht – Fähigkeiten, die im Alltag durchaus von Nutzen sind.

135. Einen Malkurs besuchen

In jedem steckt ein Künstler! Oder sagen wir es so: Kunst liegt im Auge des Betrachters. Es macht nicht nur sehr viel Spaß, kreativ sein zu können, sondern Sie erhalten als Ergebnis ein fertiges Kunstwerk, das an der Wohnzimmerwand ordentlich Eindruck macht. Wenn Sie nicht direkt einen Kurs über mehrere Wochen buchen wollen, sind Anbieter wie „ArtNights“ oder „ArtMasters“ genau richtig. In entspannter Atmosphäre, meist in gemütlichen Bars oder Restaurants, unterstützen Künstler die Teilnehmer dabei, innerhalb weniger Stunden Schritt für Schritt ein Kunstwerk zu erstellen. Sie werden staunen, wie unterschiedlich die Werke der einzelnen Teilnehmer aussehen, obwohl alle das gleiche Motiv gemalt haben.

136. Eine Farb- und Stilberatung machen

Mit Sicherheit haben Sie schon festgestellt, dass Ihnen einige Farben gut stehen und andere Farben weniger vorteilhaft bei Ihnen aussehen. Ziel einer Farbberatung ist es, herauszufinden, welche Farben Sie zum Strahlen bringen. Die Farbtypenlehre geht davon aus, dass sich jeder Mensch anhand einer Grundharmonie seiner Haar- und Augenfarbe sowie seines Teints einem unterschiedlichen Farbtyp zuordnen lässt. Bei einer Beratung erhalten Sie einen Farbkompass mit *Ihren* Farben sowie jede Menge Tipps zur Wahl des richtigen Make-ups und der richtigen Haarfarbe.

Wenn Sie wissen wollen, was Sie darüber hinaus für ein vorteilhaftes Aussehen tun können, dann buchen Sie zusätzliche eine Stilberatung. Neben der richtigen Farbe macht die Schnittführung Ihrer Garderobe auch so einiges aus. Eine Kombination aus beiden Beratungen finden Sie häufig bei den örtlichen Volkshochschulen. Alternativ können Sie auch online suchen und einen Berater ganz für sich allein buchen. Häufig lassen sich die Beratungen auch mit einem Kleiderschrank-Check oder einer Einkaufsberatung kombinieren.

137. Die eigenen (finanziellen) Angelegenheiten regeln

Am letzten Arbeitstag den Wecker in eine Kiste packen und künftig mit der wohlverdienten Rente ein sorgenfreies Leben führen, ohne sich um Altersvorsorge und Finanzen kümmern zu müssen. Schön wär's! Auch nach dem Arbeitsleben gibt es Themen wie Ihr Testament, Vorsorgevollmachten und eine Patientenverfügung, mit denen Sie sich besser in Ruhe auseinandersetzen, um später nicht dem Stress der jeweiligen Situation ausgesetzt zu sein. Ihren Lieben wird es auch wohler damit sein, zu wissen, dass sie im Ernstfall keine schweren Entscheidungen treffen müssen. Wenn Sie sich noch nicht komplett zur Ruhe setzen möchten und weiterhin Geld verdienen, ist es auch sehr sinnvoll, sich vorab mit Hinzuverdienstgrenzen zu beschäftigen, um kein böses Erwachen zu erleben. Genauso macht es Sinn, bei allen Versicherungen (insbesondere bei Berufs- oder Erwerbsunfähigkeits- sowie Unfallversicherungen) zu prüfen, ob diese tatsächlich nötig sind und ob Sie bei der ein oder anderen Versicherung vielleicht ein günstigeres Angebot erhalten können. Falls Ihre Rente sehr gering ausfällt, sollten Sie unbedingt recherchieren, in welchen Bereichen (zum Beispiel beim Rundfunkbeitrag oder durch Zuzahlungen bei Medikamenten) Befreiungen oder Vergünstigungen möglich sind.

138. Ein Fotobuch erstellen

In der Schublade liegen Unmengen an Fotos von Urlauben und Familienfeiern der letzten fünf Jahrzehnten und auf dem PC oder Smartphone schlummern ebenso viele Bilder neueren Datums. Kennen Sie das? Dann ist jetzt vielleicht der richtige Zeitpunkt gekommen, um sich der Mammutaufgabe, die Fotos zu sortieren, anzunehmen.

Grundsätzlich haben Sie hierfür zwei Optionen:

1. Gestalten Sie ein klassisches Fotoalbum, in das sie die ausgedruckten Bilder hineinkleben. Hierfür müssten Sie einen Teil Ihrer digitalen Bildersammlung ausdrucken. Der Vorteil ist, dass es viel einfacher ist, digitale Bilder zu drucken als eine Menge Bilder aus der analogen Ära einzu-

scannen. Zudem können Sie Ihrem Fotoalbum mit handschriftlichen Notizen, Zeichnungen und eingeklebten Erinnerungen (beispielsweise Eintrittskarten oder Veranstaltungsheften) eine persönliche Note geben.

2. Erstellen Sie Ihr Fotoalbum online und lassen Sie sich das gedruckte Buch zuschicken. Der eindeutige Vorteil bei dieser Variante ist, dass das Album wesentlich weniger wiegt und Ihnen viele Gestaltungsmöglichkeiten wie etwa Filter zur Verfügung stehen. Der Nachteil ist, dass Sie die analogen Bilder zuerst digitalisieren müssen. Außerdem kann das Erstellen eines digitalen Fotobuchs so einige technische Herausforderungen mit sich bringen. Glücklicherweise gibt es aber auch hierfür VHS-Kurse.

139. Den Sommer in einem Ferienhaus in Schweden verbringen

Der Sommer in Schweden ist zwar kurz, aber beinahe magisch – und das nicht nur wegen der langen Tage (in Mittelschweden geht die Sonne im Sommer um 23 Uhr unter und schon gegen 3 Uhr wieder auf). Im dünnbesiedelten Land können Sie in aller Abgeschiedenheit herrlich zur Ruhe kommen und die Zeit mit süßem Nichtstun verbringen. Falls Sie es aktiver angehen lassen wollen, bietet die unberührte Natur allerhand Aktivitäten. Gehen Sie in dem dunkelblauen See vor Ihrer Haustür schwimmen, angeln oder Kanu fahren. In den Wäldern lässt es sich bei Temperaturen, die selten die 30-Grad-Marke überschreiten, wunderbar wandern oder Beeren pflücken. Die selbstgekochte Beerenmarmelade wird Sie noch lange an Ihre Zeit im Land der über 96.000 Seen erinnern.

140. Fotos in einer Fotokabine machen

Bitte nicht lächeln! Fotokabinen sind praktisch, wenn es mit dem neuen Passfoto schnell gehen muss. Doch sie können weit mehr. Obwohl mittlerweile fast jeder ein Selfie-fähiges Smartphone in der Tasche hat, macht es immer noch unheimlich viel Spaß, für ein paar lustige Bilder mit Erinnerungswert hinter den Vorhang zu schlüpfen.

141. Blut spenden

Dank der modernen Medizin überleben heutzutage viele Menschen mit schweren Verletzungen oder Krankheiten. Damit das möglich ist, werden dringend Blutkonserven benötigt. Im Schnitt ist sogar jeder Bundesbürger einmal in seinem Leben auf eine Blutkonserve angewiesen. Demgegenüber ist die Zahl der regelmäßigen Spender gering. In vielen Regionen herrscht insbesondere im Sommer oder an Feiertagen ein Engpass an Blutkonserven. Mit einer Blutspende übernehmen Sie nicht nur gesellschaftliche Verantwortung, sondern können sogar dazu beitragen, ein Menschenleben zu retten. Obwohl Senioren heutzutage häufig vital und fit sind und auch das Blut älterer Menschen gut für eine Transfusion geeignet ist, gibt es je nach Blutspendedienst unterschiedliche Altersbeschränkungen. So müssen Sie beim Deutschen Roten Kreuz[11] bei Ihrer ersten Spende unter 65 Jahre alt sein. Wer gesund ist, kann vom zuständigen Arzt theoretisch auch in einem höheren Alter zur Spende zugelassen werden. Falls Ihnen eine Spende aus gesundheitlichen Gründen nicht möglich ist, können Sie dennoch als ehrenamtlicher Helfer, zum Beispiel bei der Betreuung der Spender, einen Beitrag leisten.

142. Das Sportabzeichen machen

Der Deutsche Olympische Sportbund (DOB) verleiht das Sportabzeichen als Auszeichnung für eine überdurchschnittliche und vielseitige körperliche Leistungsfähigkeit.[12] Das Abzeichen gilt ausdrücklich als ein „Sportorden für jedermann und jedes Alter“. Die Prüfungsbedingungen sind selbstverständlich an die jeweilige Altersgruppe angepasst.

Geprüft werden die motorischen Grundfähigkeiten Kraft, Ausdauer, Koordination und Schnelligkeit. Innerhalb der vier Disziplinen können Sie je nach Fähigkeit und Neigung aus verschiedenen Einzeldisziplinen auswäh-

11 https://www.drk-blutspende.de/informationen-zur-blutspende/spenderinformationen.php.

12 https://www.deutsches-sportabzeichen.de/.

len. Wenn Sie der Altersgruppe 65 bis 69 Jahre angehören, könnte Ihre Prüfung beispielsweise wie folgt aussehen:

Beispiel Prüfungsbedingungen für die Altersgruppe 65 bis 69 Jahre

Leistung	Männer	Frauen
200 Meter Schwimmen	10:00 Minuten	11:30 Minuten
Hochsprung	0,90 Meter	0,75 Meter
50-Meter-Lauf	10,2 Sekunden	11,7 Sekunden
Kugelstoß	6,75 Meter (5 Kilogramm)	5,00 Meter (3 Kilogramm)
20 Kilometer Radfahren	62:30 Minuten	77:30 Minuten

Bevor Sie mit dem Training starten, holen Sie sich im ersten Schritt unbedingt das Ok eines Arztes. Danach heißt es dann: trainieren, trainieren, trainieren. Und das am besten nicht allein. Gemeinsam zu sporteln mach häufig viel mehr Spaß. Nebenbei knüpfen Sie neue Kontakte und werden von Ihren Trainingskollegen bei einem kleinen Durchhänger schnell wieder auf Kurs gebracht. Fragen Sie bei Ihren lokalen Sportvereinen nach oder schauen Sie auf der Webseite des Deutschen Sportabzeichens nach Treffs in Ihrer Nähe.

143. Sich massieren lassen

Gönnen Sie sich eine kleine Auszeit; oder noch besser: Planen Sie künftig öfter eine wohltuende Massage ein. Ohne anschließenden Terminstress oder Gedanken an den stressigen Arbeitsalltag ist eine Massage doppelt zu entspannend, versprochen! Je nach Massageart liegt der Schwerpunkt unter anderem auf dem Lösen von Verspannungen, Stressabbau oder Entschlackung. Vielleicht haben Sie ja Lust, sich durch die Welt der verschiedenen Massagearten durchzuprobieren.

Erkundigen Sie sich doch mal nach den folgenden Massagen:

- Hot-Stone-Massage
- Ayurveda-Massage

- Shiatsu-Massage
- Hot-Chocolate-Massage
- Klangschalenmassage
- Lomi-Lomi-Massage
- Tuina-Massage
- Kräuterölmassage (Pantai Luar)
- Dorn-Breuss-Massage
- Thai-Massage

144. Als Wirtschaftssenior Gründer beraten

Wer (zum ersten Mal) ein Unternehmen gründet, geht ein hohes Risiko ein. Ungefähr 80 Prozent aller Start-ups scheitern innerhalb von drei Jahren. Häufige Gründe hierfür sind Liquiditätsprobleme, fehlende Managementkompetenz oder ein unzureichendes Marketing. Wäre es dann nicht sinnvoll, sich von denjenigen beraten zu lassen, die bereits erfolgreich ein Unternehmen geführt haben?

Hier kommt der Verein Alt hilft Jung ins Spiel. Dabei handelt es sich um eine ehrenamtliche Unternehmensberatung für Gründer. Ehemalige Selbständige, Fachkräfte oder Manager im Ruhestand helfen ihren Klienten – angefangen vom Existenzgründer bis hin zum mittelständischen Unternehmen – bei allen Fragen rund um eine Gründung. Sie unterstützen zum Beispiel beim Erstellen eines Businessplans, beraten in Finanz- und Organisationsfragen, stellen ihr regionales Netzwerk zur Verfügung und prüfen Businesskonzepte.

Wenn Sie in Ihrem Berufsleben als Unternehmer tätig waren, noch eine Weile aktiv bleiben und Ihr Wissen weitergeben möchten, ist der erste Schritt zum Senior Coach ein Blick auf die Webseite der Bundesarbeitsgemeinschaft der Wirtschaftssenioren (https://wirtschaftssenioren.net/). Hier finden Sie die Kontaktdaten der jeweiligen regionalen Vereine.

145. Podcasts anhören

Jetzt gibt's was auf die Ohren! Lehnen Sie sich entspannt zurück und lauschen Sie einem spannenden Krimi, interessanten Interviews oder aktuellen Reportagen. Das Praktische ist: Im Gegensatz zu Radiosendungen können Sie Podcasts immer und überall hören, auch ohne WLAN oder Radioempfang. Alles, was Sie hierfür brauchen, ist ein internetfähiges Gerät wie einen Fernseher, einen Computer oder einen virtuellen Assistenten wie Google Home. Die beliebteste und einfachste Variante ist das Smartphone oder Tablet. Sie werden erstaunt sein, wie große das Angebot ist. Kein Wunder, immerhin können Podcast im Vergleich zu Videos mit recht wenig Aufwand produziert werden. So finden Sie unter den Anbietern von Podcast neben den öffentlich-rechtlichen und privaten Sendern beispielsweise auch Podcasts vom „Spiegel", der „Süddeutschen Zeitung" oder vom „Chaos Computer Club".

Anleitung zum Podcasthören:

1. Schritt: App herunterladen

   Um Podcast anzuhören, können Sie die jeweilige Webseite des Anbieters aufrufen. Komfortabler ist jedoch eine Podcast-App. Anders als bei Videos, bei denen YouTube klar den Markt dominiert, gibt es bei Podcast mehrere Anbieter. Auf iPhones und iPads ist die App *„Podcasts"* vorinstalliert. Bei Android-Geräten können Sie sich kostenlos „Google Podcasts" herunterladen. Außerdem sind viele Podcasts über die Anbieter Spotify oder Deezer verfügbar.

2. Schritt: Interessante Podcast finden

   Es kann losgehen. Falls Sie schon ein paar Tipps für interessante Podcast erhalten haben, können Sie den Titel einfach in die Suchleiste eingeben. Andernfalls gilt es, selbst auf Entdeckungsreise zu gehen. Egal, ob Kochen, Politik oder Comedy – zu fast allen Themen gibt es passende Podcasts.

3. Schritt: Abonnieren oder einzelne Folgen herunterladen

   Wenn Sie sich für einen Podcast entschieden haben, können Sie die Folge direkt online hören oder über einen Download-Button herunterladen. Gefällt Ihnen ein Podcast, können Sie ihn auch abonnieren und verpassen so garantiert keine Folge mehr.

Einige Ideen für beliebte Podcast:

- „Hotel Matze“ (Interviews mit prominenten Gästen)
- „Radio Tatort“ (ARD)
- „Mordlust“ (Verbrechen und ihre Hintergründe)
- „Eine Stunde History“ (historische Ereignisse)
- „Lage der Nation“ (eine Zusammenfassung aktueller politischer Ereignisse)
- ZEIT Verbrechen (Kriminalfälle und Hintergründe)

146. Bingo spielen

Regelmäßiges Bingospielen – eines der häufigsten Klischees, die sich um Rentner ranken. Wie wäre es, wenn Sie dieses Klischee etwas abändern? Sie müssen ja nicht das normale Bingo spielen, sondern zum Beispiel Bullshit-Bingo für Horrorfilme? Beim Bullshit-Bingo geht es nicht darum, Zahlen abzuhaken. Vielmehr machen sich die Teilnehmer einen Spaß daraus, auf häufig verwendete Phrasen oder Klischees zu warten. Vielleicht kennen Sie diese Variante noch aus zeitfressenden Meetings, in denen Sie irgendwann dazu übergegangen sind, Begriffe wie „asap“, „Quickwin“ oder „Prio 1“ zu zählen. Dank beliebter klassischer Horrorszenarien (die Gruppe trennt sich, der Wagen springt nicht an, eine Gestalt erscheint im Spiegel, Handys haben keinen Empfang oder die Telefonleitung ist durchgeschnitten, der vermeintlich tote Killer ist doch nicht tot usw.) werden sowohl ausgelutschte Horrorfilme als auch das Bingospiel zu einer schaurig-spannenden Samstagabendaktivität.

147. Eines (oder alle) der sieben Weltwunder sehen

Vor einigen Bauwerken kann man nur staunend stehenbleiben und sich fragen, wie so etwas Beeindruckendes von Menschenhand erbaut werden konnte. Insbesondere da alle Weltwunder der Antike in der Zeit vor Christus entstanden sind, also ohne Hilfe von Maschinen. Für den Bau war nicht nur ein immenses technisches Wissen notwendig, sondern auch die Arbeitskraft Tausender Menschen – über viele Jahre hinweg. Die Weltwunder sind eine organisatorische Meisterleistung, die definitiv eine Reise wert sind.

Im Folgenden finden Sie eine Auflistung sowohl der antiken als auch neuerer Weltwunder:

Die antiken Weltwunder:

Die ältesten Überlieferungen einer Liste von Weltwundern gehen zurück bis ins 5. Jahrhundert vor Christus. Von den imposanten Weltwundern aus der Zeit der Antike stehen heute leider nur noch die Pyramiden von Gizeh.

1. Die Pyramiden von Gizeh
2. Das Mausoleum in Halikarnassos (Ruinen nahe Bodrum)

3. Der Koloss von Rhodos
4. Der Artemis-Tempel
5. Die hängenden Gärten der Semiramis
6. Die Zeusstatue von Olympia
7. Der Leuchtturm von Pharos

Die neuen Weltwunder:

Im Jahr 2007 wurden in einer weltweiten Abstimmung neue (noch existierende) Weltwunder bestimmt.

1. Die Felsenstadt Petra
2. Die Chinesische Mauer
3. Die Ruinenstätte Chichén Itzá
4. Die Statue Cristo Redentor
5. Das Kolosseum in Rom
6. Der Machu Picchu
7. Der Taj Mahal in Indien

Architektonische Weltwunder der Moderne:

Da nicht nur die Antike, sondern auch die Moderne beeindruckende Bauwerke hervorgebracht hat, gibt es seit 1995 die sieben architektonischen Weltwunder der Moderne. Diese Bauwerke beeindrucken durch hohe Baukunst und ein außergewöhnliches Äußeres.

1. Der CN Tower
2. Die Deltawerke und Zuiderzeewerke
3. Das Empire State Building
4. Der Eurotunnel
5. Die Golden Gate Bridge
6. Der Itaipú-Damm
7. Der Panamakanal

Die Weltwunder der Natur:

Neben den von Menschen geschaffenen Weltwundern gibt es auch die sieben Weltwunder der Natur, die im Rahmen einer Online-Abstimmung von der Stiftung „New 7 Wonders of Nature“ festgelegt wurden.

1. Der Amazonas
2. Die Halong-Bucht
3. Die Iguazú-Wasserfälle
4. Jejudo (eine Vulkaninsel in Südkorea)
5. Komodo (eine Insel in Indonesien)
6. Der Tafelberg in Südafrika
7. Der Puerto-Princesa-Subterranean-River-Nationalpark

148. Leihoma oder Leihopa werden

Sie haben (noch) keine Enkelkinder, würden aber gerne intensiv Zeit mit einem Kind verbringen? Dann könnte die Tätigkeit als Leihoma oder Leihopa genau das Richtige für Sie sein. Gleichzeitig gibt es nämlich viele Familien mit Kindern, bei denen die Großeltern weit weg wohnen, bereits verstorben sind oder aus anderen Gründen nicht zur Verfügung stehen. Gerade Alleinerziehende wünschen sich aber neben einer Entlastung im Alltag häufig auch einen älteren Menschen mit Lebenserfahrung zur Seite, der ihrem Kind Geborgenheit schenkt und ab und an auch mal ein Ohr für ihre eigenen Sorgen und Nöte hat. Anders als beim Babysitting steht bei den Leihgroßeltern nicht das Geld im Vordergrund. In den meisten Fällen ist die Tätigkeit ehrenamtlich. Für die Kinder werden Sie mit der Zeit zu einer wichtigen Bezugsperson und unternehmen mit den Kleinen all das, was „richtige“ Großeltern machen: Geschichten vorlesen, basteln, bei den Hausaufgaben helfen, Fahrradfahren üben, vom Kindergarten abholen und, und, und.

Angebote, um ehrenamtlich als Leihoma oder Leihopa zu arbeiten, finden Sie zum Beispiel bei der Diakonie, der Caritas, bei lokalen Vermittlungsinitiativen oder auch im eigenen Bekanntenkreis. Die Nachfrage ist groß, sodass Sie mit ziemlicher Sicherheit schon nach kurzer Zeit „Ihre“ Familie finden werden.

149. Hobby-Ornithologe werden

Vor allem im Frühling ist Vogelgezwitscher allgegenwärtig. Doch die Wenigsten wissen, welchen Vogelarten wir das Gratiskonzert zu verdanken haben. Wie wäre es, wenn Sie dem Gezwitscher auf den Grund gehen. Entgegen aller Vorurteile kann die Ornithologie (Vogelkunde) ein sehr spannendes und vielfältiges Hobby sein, bei dem man viel Zeit in der Natur verbringt. Bei hippen Großstadtbewohner ist das „Birding“ sogar gerade *der* Trend schlechthin. In Berlin trifft man sich zum „After Work Birding“ im Tiergarten oder besucht in London das „Birding Festival“. Aber keine Sorge, Sie können das Ganze selbstverständlich auch etwas ruhiger angehen lassen. Für den Einstieg in die Vogelkunde benötigen Sie nichts weiter als ein Fernglas und ein Bestimmungsbuch (zum Beispiel den „Kosmos Vogelführer“). Mittlerweile gibt es auch Apps, die bei der Bestimmung und Dokumentation der Sichtungen helfen (etwa „NABU-Vogelwelt“ oder „*Die Vogel App!*“).

Da es am Anfang ganz schön schwierig sein kann, beim morgendlichen Gezwitscher einzelne Vögel herauszuhören, sind Ornithologie-Neulinge gut damit beraten, an einer vogelkundlichen Führung (zum Beispiel vom Naturschutzbund, NABU) teilzunehmen. Hier lernen Sie andere Hobby-Ornithologen aus der Umgebung kennen, mit denen Sie sich über Ihre Sichtungen austauschen oder gemeinsam losziehen können.

150. Sich durch Aquafitness auspowern

Vergessen Sie es, im Schwimmbad monoton eine Bahn nach der anderen zu schwimmen! Mittlerweile gibt es eine große Auswahl an abwechslungsreichen Sportarten, die im Wasser stattfinden, beispielsweise Aqua-Jogging, Aqua-Zumba, Aqua-Boxing, Aqua-BBP, Aqua-Trampolin, Aqua-Cycling oder Aqua-Aerobic. Einige der genannten Begriffe dürften Ihnen bekannt vorkommen. Die Anbieter von Aquafitnesskursen haben viele der Aktivitäten, die an Land sehr beliebt sind, einfach ins Wasser verlegt – und das mit Erfolg: Die Kurse sind stark nachgefragt und werden in immer mehr Schwimmbädern angeboten. Wenn Sie sonst eher ein Sportmuffel sind, kann ein Aquafitnesskurs genau das Richtige für Sie sein. Das Schöne daran ist: Das Sporteln im Wasser ist deutlich effektiver als Ausdauertraining an Land. Dies verdanken Sie der Wärmeleitfähigkeit des Wassers. Um nicht auszukühlen, verbraucht der Körper viele Extrakalorien. Hinzu kommt der Wasserwiderstand, der Ihnen für Bewegungen, die an Land kinderleicht sind, im Wasser deutlich mehr Kraft abverlangt. Gleichzeitig ist das Training im Wasser besonders schonend, da der Körper durch den Auftrieb nur zehn

Prozent seines Gewichtes tragen muss. Hierdurch werden die Bandscheiben, Gelenke und Bänder entlastet.

Neben all den körperlichen Vorteilen ist die Bewegung im Wasser auch eine Wohltat für den Geist und das nicht nur weil der Spaßfaktor in der Gruppe hoch ist. Das intensive Training baut Stress ab und setzt Glückshormone frei. Sie werden schnell merken, dass sich die Leichtigkeit der Übungen im Wasser auf Ihre Stimmung überträgt und Sie das Schwimmbad mit viel Hunger und gut gelaunt verlassen.

151. Ein Aquarium einrichten

Nicht ohne Grund stellen Ärzte gerne Aquarien in ihre Wartezimmer. Wasserbewohner zu beobachten, trägt nachweislich dazu bei, Stress zu reduzieren und das Wohlbefinden zu steigern. Holen Sie sich diese Oase der Ruhe doch auch in Ihr Zuhause. Immerhin verbringen Sie nun vermutlich deutlich mehr Zeit in den eigenen vier Wänden. Die lebendige Unterwasserwelt im Wohnzimmer ist nicht nur ein toller Blickfang, sondern auch ein interessantes und vor allem entschleunigendes Hobby. Um den Fischen ein möglichst artgerechtes Umfeld zu ermöglichen, ist je nach Art der Fische umfangreiches Fachwissen erforderlich. Dieses können Sie sich mit entsprechender Lektüre aneignen. Für den Einstieg in die Aquaristik eignet sich ein Süßwasserbecken, in dem Sie verschiedene wenig anspruchsvolle Fische und andere Tierarten wie Schnecken halten. Aquarien mit einem größeren Fassungsvermögen (ab 100 Liter aufwärts) haben gegenüber den kleinen Becken den Vorteil, dass der ökologische Kreislauf stabiler ist.

Bei der Gestaltung Ihres Aquariums sind Sie – solange Sie die Bedürfnisse der Fische berücksichtigen – völlig frei und können etwa mit interessanten Fotorückwänden und Deko-Elementen geheimnisvolle Landschaften schaffen. Inspiration hierzu und zahlreiche Tipps für die Aquaristik finden Sie in einschlägigen Foren oder Facebook-Gruppen. Anders als man vermuten mag, sind Aquarianer keineswegs zurückgezogene Menschen, die den Kontakt zur Außenwelt scheuen; meist sind sie sehr an einem Austausch und neuem Input interessiert.

152. Puzzeln

Manch einer sieht im Puzzeln eine ziemlich sinnlose Beschäftigung. Welchen Grund sollte es auch sonst geben, ein Motiv aus Hunderten oder gar Tausenden Einzelteilen zusammenzusetzen? Aber genau darin liegt das Geheimnis: Nicht das fertige Ergebnis steht im Mittelpunkt. Schon Einzelteile zu sortieren und die passenden Puzzlestücke zu suchen, kann äußerst entspannend sein. Aber es kommt noch besser: Jedes kleine Puzzlestück, das Sie zusammensetzen, ist ein kleines Erfolgserlebnis und wird mit guter Laune belohnt. Bei sehr vielen Teilen sind das viele kleine Erfolge! Natürlich kann es auch immer wieder frustrierend sein, das fehlende Stück nicht auf Anhieb zu finden und eine Zeit lang nicht weiterzukommen. Allerdings ist es beruhigend, zu wissen, dass das fehlende Teil vorhanden ist, und es nur eine Frage der Zeit ist, bis Sie es finden. Beim Puzzeln beweisen Sie also Durchhaltevermögen, stärken Ihre Frustrationstoleranz und werden am Ende mit einem schönen Motiv belohnt.

Tipp: Verwandeln Sie doch Ihr liebstes Urlaubsfoto in ein Puzzle. Alles, was Sie hierfür tun müssen, ist bei einem der gängigen Fotoanbieter Ihr Wunschmotiv hochzuladen und zu bestellen. So können Sie nicht nur beim Puzzeln in Erinnerungen schwelgen, sondern haben als Ergebnis auch eine einzigartige Wanddekoration.

153. Backpacking

Alter und Abenteuerlust widersprechen sich nicht. Genauso wenig sind Rucksackreisen ein Privileg von Mittzwanzigern. Mittlerweile kommt es gar nicht so selten vor, dass in Südostasien Backpacker jenseits der 50 unterwegs sind. Warum auch nicht? Das Reisen ohne vorab festgelegte Route und mit wenig Gepäck (meist nur mit einem Rucksack) ist eine tolle Chance, um Land und Leute intensiv kennenzulernen. Jetzt ist genau der richtige Zeitpunkt dafür. Im Gegensatz zu früher sind Flüge deutlich günstiger geworden. Dank der Digitalisierung lassen sich freie Unterkünfte für denselben Abend bequem von unterwegs aus buchen. Im Gegensatz zu ihren jungen Backpacker-Kollegen haben ältere Menschen zudem häufig den Vorteil, über etwas mehr Budget zu verfügen. So muss es im Hostel nicht unbedingt die Nacht im Zwölfbett-Zimmer sein, sondern Sie können ein komfortableres Einzel- oder Doppelzimmer wählen.

Internetseiten und Literatur zum Thema Backpacking:

- https://www.backpacking-ratgeber.de/
- https://www.lonelyplanet.de/
- https://www.backpackinghacks.de/
- Harte, Jack (2016): „Backpacking weltweit. Rucksackreisen und Work & Travel – Aber richtig!“ (MANA-Verlag).

154. Eine Ernährungsberatung aufsuchen

Um körperliche Gebrechen so lange wie möglich hinauszuzögern und auch mit zunehmendem Alter fit zu bleiben, sind sportliche Betätigung und regelmäßige Bewegung von entscheidender Bedeutung. Eine weitere wichtige Säule ist die richtige Ernährung. Grundsätzlich gelten für die richtige Ernährung im höheren Alter ähnliche Spielregeln wie für jüngere Menschen. Im Laufe der Zeit ändert sich allerdings der Stoffwechsel – leider nicht zum Positiven. Die Muskelmasse nimmt ab und der Fettanteil steigt, der tägliche Energieumsatz sinkt. Was Sie vor zehn oder fünfzehn Jahren noch problemlos essen konnten, setzt nun leider häufig an den Hüften an.

Kleine Portionen zu essen ist eine Möglichkeit, um einer Gewichtszunahme entgegenzuwirken. Deutlich sinnvoller ist es allerdings, eine professionelle Ernährungsberatung aufzusuchen, da sich mit den Jahren meist einige (schlechte) Gewohnheiten etabliert haben oder Sie mittlerweile Medikamente einnehmen, die die Aufnahme bestimmter Vitamine oder Mineralstoffe hemmen. Der erste Schritt ist daher immer, eine Bestandsaufnahme Ihrer bisherigen Essgewohnheiten und Ihres Lebensstils zu machen. Häufig werden auch verschiedene Untersuchungen, beispielsweise des Bluts, durchgeführt, um bestehende Mängel aufzudecken. Anschließend erklärt Ihnen der Ernährungsexperte, welche Änderungen für Sie sinnvoll sein können, und wie Sie diese alltagstauglich umsetzen können. Ein Vorteil ist, dass Ihnen als Ruheständler nun viel mehr Zeit zur Verfügung steht, um frische Lebensmittel zu kaufen und selbst den Löffel zu schwingen. Insbesondere, wenn bei Ihnen schon ein Mangel vorlag, werden Sie schnell merken, wie Sie sich mit der Zeit fitter und vitaler fühlen.

155. Bei der Telefonseelsorge arbeiten

Ob Einsamkeit, Ängste oder emotionale Erschöpfung – die Telefonseelsorge ist 24 Stunden am Tag, kostenlos für alle da, die nicht mehr weiterwissen oder einfach einmal jemanden zum Zuhören brauchen. Ohne die Arbeit von Ehrenamtlichen, die rund um die Uhr per Mail, Chat oder Telefon besorgten oder verzweifelten Menschen zur Seite stehen, würde nichts funktionieren. Wenn Sie sich sozial engagieren möchten, über Einfühlungsvermögen verfügen und sich mit den christlichen Wurzeln der Telefonseelsorge identifizieren, könnte dies eine sehr erfüllende Tätigkeit für Sie sein. Um Menschen in häufig großer Verzweiflung der richtige Ansprechpartner zu sein, erhalten Sie vor Ihrem ersten Einsatz eine qualifizierte Ausbildung. Auch während Ihrer verantwortungsvollen Tätigkeiten sind Fortbildungen und der Austausch mit anderen Ehrenamtlern ein wichtiger Bestandteil.

Einen Selbsttest, der Ihnen eine erste Einschätzung gibt, ob die Telefonseelsorge das Richtige für Sie sein könnte, und weitere Informationen finden Sie unter https://www.telefonseelsorge.de/ehrenamt/.

156. Nähen lernen

Bestimmt kennen Sie die folgende Situation: Für den Sommerurlaub muss eine neue Hose her. Kurz, aber nicht zu kurz, und am liebsten in einem Beige, das zu Ihrem Lieblingsoberteil passt. Die Taschen sollten ausreichend groß sein, um das Nötigste zu verstauen. Dafür können Sie aber gerne auf überflüssige Details verzichten. Schlicht sollte sie eben sein. Gar nicht so einfach. Wenn Sie dann doch endlich Glück haben und im Laden ein Modell finden, das in Frage kommt, ist Ihre Größe nicht vorrätig oder der Schnitt steht Ihnen einfach nicht. Was für eine ärgerliche Situation.

Die Lösung lautet: selbst nähen! Sie müssen ja kein Modelabel gründen und auch keine Massenproduktion starten. Aber mit selbstgenähten Kleidungsstücken sind schlechte Kompromisse passé. Ab jetzt können Sie die Stoffe, Knöpfe etc. frei wählen und die Maße an Ihre individuellen Proportionen anpassen. Letztendlich erhalten Sie ein Kleidungsstück, das einzigartig ist und das mit Sicherheit niemand sonst trägt. Selbstgenähte Kleidung stellt nicht nur ein Mittel dar, um Individualität und Persönlichkeit zum Ausdruck zu bringen; sie ist auch ein Statement in Sachen Nachhaltigkeit. Wer seine Kleidung selbst näht, kann nicht nur bestimmen, woher er seinen Stoff bezieht, sondern bekommt auch ein Gespür dafür, wie viel Aufwand in einem einzelnen Kleidungsstück steckt. Ihr Blick auf die 10-Euro-Jeans aus Mode-Discountern wird sich definitiv ändern.

Nähen ist gar nicht so schwer, wie viele denken. Einen guten Einstieg, um die wichtigsten Grundlagen und den Umgang mit der Nähmaschine zu lernen, bietet ein Nähkurs für Anfänger. Weiterhin gibt es Hunderte von Nähblogs, YouTube-Tutorials und Zeitschriften mit Anregungen für Schnittmuster, die Sie sicherlich inspirieren können.

157. Zaubertricks lernen

Zaubern ist ein wundervolles Hobby: Immer wieder gibt es neue verblüffende Tricks zu entdecken und Herausforderungen zu meistern. Einige Zaubertricks werden Sie innerhalb weniger Minuten beherrschen, während andere Tricks echte Herausforderungen sind und nur den besten Zauberern gelingen. Um das Handwerk des Zauberns zu lernen, lohnt es sich für den Einstieg, in einem Kurs verschiedene Techniken und Effekte unter fachkundiger Aufsicht zu erlernen. Im Mittelpunkt stehen hierbei nicht nur einzelne Zaubertricks, sondern auch, wie Sie Ihr Publikum originell unterhalten – und vor allem täuschen können. Denn einen guten Zauberer macht neben einer gewissen Fingerfertigkeit auch das Talent aus, sein Publikum zu überraschen und im richtigen Moment hinters Licht zu führen.

Wenn Sie sich die Zauberei als ein längerfristiges Hobby vorstellen können, denken Sie über eine Mitgliedschaft im „Magischen Zirkel von Deutschland“ (https://www.mzvd.de/) nach. Die Mitglieder des Vereins, zu denen die besten Zauberer Deutschlands gehören, treffen sich regelmäßig, um voneinander zu lernen und über unterschiedliche Tricks und Techniken zu fachsimpeln. Außerdem finden regelmäßig Kongresse mit internationalen Stars der Zauberbranche statt und Sie erhalten Zugriff auf die MZvD-Bibliothek. Um Mitglied zu werden, müssen Sie entweder die Aufnahmeprüfung des Zirkels bestehen oder bei bestimmten Zauberwettbewerben unter die Besten kommen.

158. Auswandern

Zu Hause ist es für viele zwar am schönsten, doch anderswo ist es häufig auch sehr angenehm. Insbesondere dann, wenn die Sonne das ganze Jahr über scheint. So ist nicht verwunderlich, dass viele Rentner ihren Ruhestand in Spanien, Italien, Griechenland oder sogar in Asien verbringen. Die Deutsche Rentenversicherung überweist derzeit Renten in über 150 Länder. Ein Großteil der späten Auswanderer sind ehemalige Gastarbeiter, die ihren Ruhestand in der früheren Heimat verbringen möchten. Doch auch deutsche Rentner zieht es häufig in Länder, in denen sie schon immer gerne Urlaub gemacht haben oder in denen die Lebenshaltungskosten deutlich niedriger sind als in Deutschland. Ganz gleich, für welches Domizil Sie sich entscheiden, beim Schritt ins Ausland gilt es, einiges zu beachten. Insbesondere dann, wenn Sie planen, ins außereuropäische Ausland auszuwandern. Informieren Sie sich deshalb unbedingt bei der deutschen Rentenversicherung über die Besteuerung Ihrer Rente im Zielland und bedenken Sie auch, dass Sie sich in einigen Ländern selbst neu krankenversichern müssen.

159. Zum Hobbyhistoriker werden

Die Geschichtswissenschaft bietet eine schier unendliche Fülle an Forschungsfeldern. Was bei Berufshistorikern dabei häufig zu kurz kommt, ist die Erforschung der Geschichte auf unterster Ebene. Das heißt, die Erforschung der Alltagsgeschichte des unmittelbaren Wohnumfelds. Dies können einzelne Stadtteile, Dörfer oder Nachbarschaften sein. Für viele Hobbyhistoriker ist die Geschichte des eigenen Wohnorts dafür umso spannender. Wie sah beispielsweise das Leben der Menschen im Mittelalter aus? Wie hat sich das Weltgeschehen mit Kriegen, Revolutionen und gesellschaftlichen Umbrüchen vor Ort ausgewirkt? Fragen wie diese brennen vielen Hobbyhistorikern unter den Fingernägeln. Ihr Ziel ist es, die regionale Geschichte zu erforschen und zu bewahren. Daher münden viele private Forschungsprojekte auch in Vorträgen, Ausstellungen oder sogar in einem Buch. Wenn es sie reizt, tiefer in die abwechslungsreiche Geschichte Ihrer näheren Umgebung einzusteigen, dann schauen Sie, ob es in Ihrer Nähe vielleicht einen Heimat- oder Geschichtsverein bzw. eine Geschichtswerkstatt gibt, die Sie mit Ihrem Engagement unterstützen können. Natürlich können Sie auch im Alleingang auf Spurensuche gehen. Archive sind öffentliche Einrichtungen, die jeder nutzen darf. Allerdings kann die Erfahrung der anderen Hobbyhistoriker und deren Kontakte (zum Beispiel zu Zeitzeugen oder privaten Archiven) Ihre Arbeit deutlich vereinfachen.

160. Ausmalbücher für Erwachsene

Moment mal, Malbücher für erwachsene Menschen? Eigentlich sind Sie aus dem Alter doch schon längst raus. Aber Sie haben richtig gelesen. Malbücher für Erwachsene (auf Englisch: *Adult Coloring*) sind momentan absolut gefragt. Bücher zum Ausmalen findet man mittlerweile nicht mehr nur in der Kinderabteilung von Buchhandlungen, sondern auch im Regal mit der Aufschrift „Achtsamkeit“ oder „Ratgeber“. Selbst unter den meistverkauften deutschen Büchern des Versandriesen Amazon finden sich Malbücher für Erwachsene. Es lohnt sich, diesen Trend etwas genauer zu betrachten.

Das Schöne am Ausmalen ist: Sie können kreativ sein, ohne Vorkenntnisse oder besonderes künstlerisches Talent haben zu müssen. Die Angst vor dem weißen Blatt bleibt aus. Die Linien sind bereits vorgegeben und warten nur darauf, ausgemalt zu werden. Vielleicht erinnern Sie sich noch daran, wie Sie das Malen als Kind empfunden haben, oder Sie haben Ihre eigenen Enkelkinder vor Augen, die häufig für lange Zeit einfach nur dasitzen und hochkonzentriert ihre Motive ausmalen. Im Vergleich zu den Motiven für

Kindern sind jene für Erwachsene deutlich feingliedriger und auch ohne Farbe schon kleine Kunstwerke für sich. Die filigranen Muster auszumalen, erfordert Ihre volle Aufmerksamkeit, gleichzeitig herrscht aber weder der Druck, besonders fantasievoll sein zu müssen, noch arbeiten Sie auf ein bestimmtes Ziel hin. Das Ausmalen ist eine einfache und elementare Tätigkeit, die ganz im Hier und Jetzt stattfindet. Probieren Sie es aus! Sie werden überrascht sein, wie schnell die Zeit vergeht und wie entspannt Sie sich nach einer Malsession fühlen.

161. Einem Chor beitreten

Hören Sie auf, immer nur heimlich im Auto oder unter der Dusche zu singen – gemeinsam zu singen macht viel mehr Spaß. Das Singen in einem Chor ist auch weiter von seinem verstaubten Image entfernt, als Sie vielleicht denken. Im deutschen Chorverband sind immerhin ca. 15.000 Chöre organisiert. Es gibt viele Chöre, die neben Volks- und Kirchenliedern auch aktuelle Pop- und Filmmusik singen. Falls Sie sich mit Ihrer Stimme bislang (noch) nicht in die Öffentlichkeit getraut haben, lassen Sie sich beruhigen: Bei den meisten Chören zählt vielmehr die Motivation als die bisherige Gesangserfahrung oder Kenntnisse im Notenlesen (auch wenn Letzteres sicher von Vorteil ist).

Egal, ob aktuelle Popsongs, afrikanische Gospels oder alte Volkslieder – Singen ist nicht nur die natürlichste Weise zu musizieren, sondern hat auch einen positiven Einfluss auf Körper und Seele. Beim Singen stecken Sie all Ihre Energie in die Musik und fühlen sich für einen Moment unglaublich befreit. Während Sie ganz in der Musik aufgehen und alles um sich herum vergessen, wird die Serotoninproduktion ordentlich angekurbelt. Zudem ist es ein besonderes Gefühl, Musik in der Gemeinschaft zu erleben. Die Leidenschaft zur Musik verbindet. Gemeinsam durchgestandener Probenstress und Lampenfieber schweißen die Chormitglieder als Gruppe zusammen. Aus ihnen können daher schnell Freunde fürs Leben werden. Die Mitgliedschaft in einem Chor verlangt allerdings auch ein gewisses Maß an Disziplin. Im Chor lernen Sie, sich melodisch aufeinander abzustimmen und an der richtigen Stelle Ihren Einsatz zu finden. Gerade vor Auftritten ist es daher nötig, regelmäßig an den Proben teilzunehmen.

Auf der Internetseite des Deutschen Chorverbands (https://www.deutscher-chorverband.de/) finden Sie hilfreiche Informationen und Adressen regionaler Chorverbände. Weitere Anlaufstellen sind Musikschulen, Kirchen und Volkshochschulen. Chöre speziell für Senioren finden Sie auf der Webseite https://www.singen-im-alter.de/.

162. Sich mit Philosophie beschäftigen

Was ist Schönheit? Was ist Wahrheit? Und was ist Liebe? Die Philosophie behandelt die großen Fragen des Lebens und hat dabei über Jahrhunderte hinweg nicht an Aktualität eingebüßt. Schon Aristoteles (384 bis 322 vor Christus), der einst Alexander den Großen unterrichtete, nutze mit der Deduktion und Induktion exakte Argumentations- und Beweisverfahren, die auch heute noch gelehrt werden, um richtige von unrichtigen Annahmen zu unterscheiden. Die Beschäftigung mit philosophischen Fragen fordert nicht nur den Verstand heraus, sondern hilft Ihnen in vielen Situationen, zum Ursprung eines Problems vorzudringen, es aus verschiedenen Perspektiven zu betrachten und eine Entscheidung zu treffen. Je tiefer Sie in das Fachgebiet eindringen, desto häufiger werden Sie auch Zusammenhänge erkennen, Altbewährtes durch eine andere Brille sehen und neue, spannende Gedankenwelten für sich entdecken.

Um in die Welt der Philosophie einzutauchen, stehen Ihnen mehrere Zugänge zur Verfügung. Sie können sich eigenständig durch das Philosophieregal der Bibliothek lesen oder (Online-)Vorlesungen besuchen. Vielleicht haben Sie das Glück, dass es in Ihrer Nähe eine Universität mit philosophischer Fakultät gibt, die Gasthörer zulässt. Andernfalls gibt es auf YouTube zahlreiche Videos von Philosophievorlesungen. Oder schalten Sie freitagabends „Das philosophische Radio“ bei WDR 5 ein (alle Episoden zum Download finden Sie in der Mediathek). Richtig spannend wird es allerdings erst, wenn Sie in den Austausch mit anderen gehen. Denn die Philosophie nährt sich durch eine Gesprächskultur im öffentlichen Raum. Dies war einst auch bei Sokrates der Fall, dessen Wirkungsmittelpunkt der belebte Marktplatz von Athen war. Die Möglichkeit, sich mit anderen auszutauschen, finden Sie in einem der zahlreichen Philosophiecafés.

163. Im Bett liegen bleiben

Einer der größten Vorteile des Ruhestands: Der Wecker klingelt fortan nur noch, um angenehmen Aktivitäten nachzugehen. Etwa, wenn es raus zum Angeln geht oder das Taxi zum Flughafen vor der Tür wartet. Ansonsten können Sie so lange liegenbleiben, wie Sie möchten. Es gibt keine Verpflichtungen mehr, die Sie dazu zwingen, das warme Bett zu verlassen, wenn Sie hierfür noch nicht bereit sind. Schauen Sie noch eine Weile aus dem Fenster und beobachten Sie die Vögel. Vielleicht mögen Sie es auch, bei einem Kaffee noch eine Weile Radio zu hören, während Sie überlegen, was der neue Tag an spannenden Aktivitäten für Sie bereithalten mag.

164. Zum Schachprofi werden

Schach steigert den IQ, fördert die Aufmerksamkeit und trainiert das Gedächtnis – nur wenige von vielen guten Gründe, um mal wieder das Brett mit den 64 Feldern hervorzukramen. Schach ist nicht nur eine Wohltat für die grauen Zellen, sondern macht wirklich viel Spaß – ganz egal, auf welchem Niveau Sie spielen. Als Schachspieler lernt man zudem viele interessante Menschen kennen und das nicht nur innerhalb der eigenen Altersgruppe. Als eine der wenigen Sportarten bringt Schach nämlich Menschen jeglichen Alters zusammen. Bei einer „Jahrhundertpartie" im Jahr 2019 traten mit Anna Blauhut (10) und Carl Mattson (111!) sogar zwei Spieler mit mehr als einem Jahrhundert Altersunterschied gegeneinander an (gewonnen hat in diesem Fall die Jugend). Zudem ist Schach ein günstiges Hobby, das immer und überall ausgeübt werden kann.

Falls Sie noch nie eine Schachpartie gespielt haben, lassen Sie sich von dem Hype um den König der Brettspiele nicht verunsichern. Die Regeln sind schnell gelernt und ein später Einstieg lohnt sich allemal. Mit Sicherheit finden Sie in Ihrem Freundes- oder Familienkreis jemanden, der sich Ihrer annimmt. Andernfalls gibt es eine Fülle von Büchern und (Online-)Kursen für Einsteiger (beispielsweise hier: https://schach.de/).

Haben Sie als Alternative schon einmal etwas von „Go" gehört? Hiermit ist nicht der gleichnamige Expressversand-Dienstleister gemeint, sondern eines der ältesten strategischen Brettspiele überhaupt, das als das schwierigste und komplexeste der Welt gilt. Die spielbaren Varianten übersteigen jene beim Schach deutlich. Nicht umsonst sagt man in China, dass es eine Stunde dauert, um das Spiel zu erlernen, aber ein ganzes Leben, um es zu beherrschen. Go soll im ostasiatischen Raum bereits um die Zeitenwende gespielt worden sein. Hierzulande ist das Brettspiel allerdings recht unbekannt. Auch wenn Go sehr komplex ist, das Grundprinzip ist recht einfach: Die Go-Spieler setzen abwechselnd ihre schwarzen oder weißen Steine auf die Schnittpunkte der Linien des Brettes. Ziel ist es, die gegnerischen Steine einzukreisen und auf diese Weise zu schlagen. Gewonnen hat, wer am Ende des Spiels mehr als die Hälfte des Brettes kontrolliert.

Eine gute Anlaufstelle für den Einstieg in die Welt dieses Spiels ist der „Deutsche Go-Bund e. V". (https://www.dgob.de/). Dort finden Sie Kurse, Wissenswertes und Termine zu Turnieren und Veranstaltungen.

165. Kulturkarteninhaber werden

Museen, Theater, Opern, Konzerte, Kinofilme und Festivals – endlich haben Sie Zeit für die schönen Dinge des Lebens! Lernen Sie die Kulturschätze in Ihrer Umgebung kennen. Viele Städte und Regionen bieten für Kulturliebhaber im Rahmen einer Kulturkarte besondere Ermäßigungen an. Je nach Region erhalten Sie beispielsweise kostenlose oder deutlich ermäßigte Eintrittskarten und Einladungen zu exklusiven Veranstaltungen. Für Rentner gibt es auf die Kulturkarte oftmals sogar noch einen Rabatt. Mit der NDR-Kulturkarte können Sie beispielsweise für nur 20 Euro im Jahr bei 150 Kulturpartnern im norddeutschen Raum bis zu 50 Prozent Ermäßigung erhalten und bekommen Einladungen zu exklusiven Dirigentengesprächen, Probenbesuchen oder Studioführungen. Sie sehen: Eine Kulturkarte ist eine Investition, die Sie schnell wieder drin haben.

166. Eine große Party schmeißen

Egal, ob Abschiedsparty, Silvester, Silberhochzeit oder runder Geburtstag: Einen Anlass zum Feiern gibt es immer. Als Gastgeber kann eine gelungene Party aber auch viel Aufwand bedeuten; insbesondere dann, wenn die Gästeliste und der Rahmen etwas größer ausfallen. Wenn Ihnen im Berufsalltag bislang immer die Zeit und Muße für eine umfangreiche Planung gefehlt hat, dann nutzen Sie jetzt die Zeit, um eine legendäre Party zu planen, die so schnell keiner vergisst.

Ein besonderes Maß an Ideenreichtum und Organisation erfordern Mottopartys. Dafür können Sie Ihrer Kreativität bei der Planung der Dekoration, der Musik und des Abendprogramms freien Lauf lassen. Was halten Sie zum Beispiel von einer glamourösen 20er-Jahre-Party? Sie könnten edle Einladungen verschicken, den Gästen eine kurze Einweisung in den Charleston geben, Stummfilme über einen Beamer laufen lassen und Ihren Gästen Cocktails mit Martini servieren, um nur einige Beispiele zu nennen.

Beispiele für Mottopartys:

- 20er-Jahre (alternativ ein anderes Jahrzehnt)
- Hawaii
- Black & White
- Altes Rom
- Casino
- Hollywood
- Rock 'n' Roll
- Oktoberfest
- Glamour
- 1001 Nacht
- Flower-Power
- Venezianischer Maskenball

167. Technik entdecken

Neue Technologien sind etwas Faszinierendes: Sie ermöglichen uns, mit Freunden und Familienmitgliedern in Kontakt zu bleiben, erleichtern uns den Alltag und heben unsere Freizeitgestaltung auf ein ganz neues Niveau. Wenn Sie bisher keine Zeit hatten, um sich vollumfänglich mit dem neusten Stand der Technik auseinanderzusetzen, dann ist jetzt der ideale Zeitpunkt für ein Update. Denn egal, ob Social-Media-Plattformen wie Facebook, Instagram, Pinterest und Co, die Fotobearbeitungssoftware Photoshop oder Amazons virtuelle Assistentin Alexa – man ist nie zu alt, um sich mit einer neuen Technologie auseinanderzusetzen. Wenn Sie beispielsweise immer schon gerne gelesen haben, könnten E-Book-Reader eine praktische Möglichkeit sein, um bei Flugreisen keine Extragebühren mehr für Ihren schweren Koffer voller Bücher bezahlen zu müssen.

Haben Sie keine Angst vor der neuen Materie. Viele der Geräte, Programme und Plattformen sind darauf ausgelegt, sie intuitiv zu nutzen. Der Einstieg ist also viel einfacher als Sie womöglich denken. Wenn Ihnen Learning by Doing doch zu anstrengend ist, dann besuchen Sie einen VHS-Kurs. An Volkshochschulen gibt es zum Beispiel Einführungskurse zu Computer- und EDV-Themen für die ältere Generation, in denen Sie in entspannter Atmosphäre lernen können.

168. Neue kulinarische Horizonte entdecken

Die Alfredo-Sauce aus dem USA-Urlaub, die Sie unbedingt einmal nachkochen möchten, das koreanische Kochbuch, das sehnlichst darauf wartet, benutzt zu werden, oder die Jackfrucht, die Sie auf Ihren Supermarktstreifzügen zwar begutachten, aber noch nie gekauft haben – nun haben Sie endlich genug Zeit für neue Geschmackserlebnisse und ausgedehnte Kochsessions.

Einige kulinarische Inspirationen:

- Brot selbst backen
- Gerichte, die viel Zeit benötigen, kochen (zum Beispiel Pulled Pork, Kombucha, Braten)
- Neue Küchengeräte ausprobieren (zum Beispiel Schongarer, Thermomix, Tajine oder Wok)
- Unbekannte Zutaten verwenden (zum Beispiel Gewürze, Kräuter, Obst- und Gemüsesorten)
- Exotische Gerichte aus fernen Ländern kochen
- Gerichte, die Sie im Urlaub kennengelernt haben, ausprobieren

- Traditionelle Rezepte, die Sie von Ihren Eltern oder Großeltern kennen, nachkochen
- Rezepte aus vergangenen Jahrzehnten oder Jahrhunderten ausprobieren

Das Beste daran ist: Wer selbst kocht, bestimmt nicht nur die Zutaten, sondern ernährt sich in der Regel auch deutlich gesünder als Kochmuffel. Zudem fördern die kulinarischen Experimente die Kreativität und machen besonders viel Spaß, wenn Sie zur anschließenden Verköstigung ein paar Freunde oder Nachbarn einladen.

169. Meditieren

Meditieren ist eine Geistesübung mit jahrtausendealter Tradition. Unterschieden wird zwischen der passiven und aktiven Meditation. Die aktive Mediation beinhaltet körperliche Aktivitäten, wie dies bei Yoga, einigen Kampfkunststilen wie Thai-Chi oder Gebeten und Mantras der Fall ist. Bei der passiven Mediation hingegen sitzen oder liegen Sie still und bewegen sich nicht. Ob aktiv oder passiv, das gemeinsame Ziel der unterschiedlichen Meditationsformen ist: die Aufmerksamkeit zu bündeln und den Geist zu beruhigen. Leider wird die Mediation in unserem westlichen Kulturkreis häufig belächelt und in die Esoterikecke gestellt. Dabei ist ihre Wirkung mittlerweile wissenschaftlich belegt. Durch eine regelmäßige Meditationspraxis sollen sich zum Beispiel das Stresslevel verringern und die Schlafqualität verbessern. Viele erfolgreiche Sportler und Manager nutzen diese Momente der Stille, um den Fuß vom Gaspedal zu nehmen und in sich zu gehen. Eine positive Auswirkung, die Sie vermutlich schon nach Ihrer ersten Meditationspraxis spüren, ist ein Gefühl der Ruhe und der Ausgeglichenheit.

Möglichkeiten, um das Meditieren zu lernen, finden Sie in Mediationszentren. Alternative Anlaufstellen sind Yoga-Schulen, Sportvereine oder Volkshochschulen. Mittlerweile gibt es auch hervorragende Mediations-Apps wie „7Mind", die geführte Mediationen anbieten.

170. Orte der deutschen Geschichte besuchen

Viele Reisende kennen die große weite Welt wie ihre linke Westentasche, aber haben von ihrer Heimat bislang kaum etwas gesehen. Vielleicht haben Sie in den letzten Jahren oder Jahrzehnten Deutschland als Reiseland auch etwas vernachlässigt. Wie wäre es, wenn Sie die Zeit im Ruhestand nutzen, um mehr über die deutsche Geschichte zu erfahren? Man muss kein Geschichtsfan sein, um an der Geschichte des ein oder anderen Ortes Interesse zu haben. Der Vorteil bei Reisen im eigenen Land ist: Sie brauchen in kein Flugzeug steigen und können viele Orte während eines Wochenendtrips oder sogar Tagesausflugs besuchen.

Interessante Ort der deutschen Geschichte:

- Der Aachener Dom
- Das Völkerschlachtdenkmal in Leipzig
- Die Berliner Mauer
- Der Checkpoint Charlie in Berlin
- Die Wartburg in Eisenach
- Die Paulskirche in Frankfurt
- Die KZ-Gedenkstätte Dachau
- Die NS-Ordensburg Vogelsang im Nationalpark Eifel
- Das Hermannsdenkmal in der Nähe von Detmold
- Das Hambacher Schloss
- Das Olympiastadion in Berlin
- Der Archäologische Park in Xanten
- Der Friedenssaal in Münster
- Die Zeche Zollverein in Essen
- Der Dom zu Speyer
- Das Kanzlerbungalow in Bonn

171. Ins Casino gehen

Es wird Zeit, mal wieder etwas Unvernünftiges zu tun oder besser gesagt: mit begrenztem Budget etwas Unvernünftiges zu tun. Versuchen Sie doch einmal in einem Casino beim Blackjack, Pokern oder Roulette Ihr Glück. Natürlich können Sie dafür die Spielhalle um die Ecke aufsuchen. Viel glamouröser wird Ihr Abend allerdings, wenn Sie eine der traditionsreichen Spielbanken des Landes besuchen. Zum Beispiel das wohl berühmteste deutsche Casino in Baden-Baden. Hemd und Smoking oder ein elegantes Kleid gehören hier wie selbstverständlich zum Dresscode. Wo einst Adelige ihr Hab und Gut verzockten, können Sie noch heute das einzigartige Ambiente der Belle Époque genießen und sich wie in einer anderen Zeit fühlen. Auch heute noch trifft man in Baden-Baden bekannte Namen aus Wirtschaft, Politik oder dem Fernsehen.

Doch aufgepasst: Wenn Sie bereits eine Glücksspielvergangenheit haben, ist dieser Vorschlag natürlich nichts für Sie. Es kann schneller als gedacht passieren, dass gelegentliche Besuche mit begrenztem Budget zu einer gefährlichen Regelmäßigkeit werden.

172. Boule spielen

Zugegeben: „Boule" gilt als das Rentnerhobby schlechthin. Aber lassen Sie sich von dem Klischeedenken nicht irritieren. Boule ist zwar leicht zu lernen und für alle Altersklassen geeignet, die Sportart richtig zu beherrschen, erfordert aber viel Übung. Doch betrachten wir erst einmal den Begriff selbst. Hierzulande lassen sich unter den Begriff „Boule" nämlich sämtliche Kugelsportarten fassen. Gemeint ist damit aber meisten das französische „Pétanque". Bei dieser Spielart, die zu Beginn des 20. Jahrhunderts in Südfrankreich erfunden wurde, versuchen zwei Mannschaften, eine bestimmte Anzahl von Kugeln so nahe wie möglich an eine zuvor ausgeworfene Zielkugel („Cochonnet" oder auch „Schweinchen" genannt) heranzuwerfen.

Hierbei sind verschiedene Spielvarianten möglich:

- 1 Spieler gegen 1 Spieler („tête à tête“)
- 2 Spieler gegen 2 Spieler („doublette“)
- 3 Spieler gegen 3 Spieler („triplette“)

Am Ende jedes Durchgangs werden die Punkte gezählt. Die Mannschaft bzw. der Spieler, deren/dessen Kugel der Zielkugel am nächsten liegt, erhält einen Punkt. Hat er sogar zwei oder mehr Kugeln näher als der Gegner an der Zielkugel platziert, bekommt er zwei oder mehr Punkte. Pro Durchgang können theoretisch bis zu sechs Punkte erzielt werden. Das Spiel ist gewonnen, wenn ein Spieler oder eine Mannschaft 13 Punkte erreicht hat.

In Deutschland hat Pétanque noch keine lange Tradition und wird eher auf Freizeit- statt auf Profiebene gespielt. Dennoch freuen sich die Pétanque-Vereine hierzulande von Jahr zu Jahr über mehr Mitglieder. Aber auch ohne Vereinsmitgliedschaft gibt es genügend Möglichkeiten, um den Kugelsport zu betreiben. Auf http://www.bouleplaetze.de/ finden Sie öffentliche Plätze und Hallen in Ihrer Nähe.

Exkurs Boccia:

„Boccia" ist die italienische Variante des Boule. Auch hier ist Ziel des Spiels, die eigenen Kugeln am dichtesten an der Zielkugel zu platzieren. Allerdings werden bei dieser Variante Kugeln aus Kunststoff verwendet. Weitere Unterschiede gibt es bei der Anzahl der Punkte und der Spielfläche.

173. Eine Messe für Best Ager besuchen

Die deutsche Gesellschaft wird immer älter. Mittlerweile haben sich auch die Messeveranstalter angepasst und interessante Konzepte für die Zielgruppe 50+ entwickelt. Neben wichtigen Themen wie Finanzen, (Erb-)Recht, Mobilität und Pflege bleibt genug Raum für die angenehmen Dinge des Lebens wie Mode, Hobby, Sport und Wellness. Genießen Sie es, einen Messetag lang von den Ausstellern umgarnt zu werden. Bei einem unterhaltsamen Bühnenprogramm und vielen Gratisproduktproben wird Ihnen sicher nicht langweilig.

174. Gehirnjogging

Nicht nur der Körper, sondern auch das Gehirn freut sich über regelmäßige Herausforderungen. Gerade dann, wenn Sie mit dem Ende Ihrer beruflichen Tätigkeit keine komplexen Probleme mehr lösen und sich nicht mehr dutzende Dinge merken müssen, kann es sinnvoll sein, das Gehirn wieder etwas zu fordern. Was viele nämlich nicht wissen: Die Nervenzellen im Kopf können sich in jedem Alter neu verzweigen, um einströmende Informationen besser zu verarbeiten. Hierfür reichen schon wenige Minuten täglich. Wichtig ist allerdings, sich stets neuen Herausforderungen zu stellen. Täglich das Kreuzworträtsel in der Tageszeitung zu lösen ist zwar lobenswert, allerdings ist die immer gleiche Denkroutine auch schnell keine Herausforderung mehr. Deutlich wirkungsvoller ist es, wenn Sie neben Ihren eigenen Ideen die Anregungen in diesem Buch umsetzen. Gehirntraining bedeutet nämlich auch, sich intensiv mit etwas auseinanderzusetzen, sich in neue Themen einzuarbeiten oder komplexe Planungsaufgaben zu übernehmen. Dies kann beim Erlernen einer Fremdsprache, bei der Organisation eines

Sprachurlaubs oder beim Auswendiglernen eines Musikstücks der Fall sein. Möchten Sie etwas gezielter an Ihrer Gehirnleistung arbeiten, finden Sie bei Volkshochschulen oder Institutionen wie dem Deutschen Roten Kreuz, Kirchen oder Seniorentreffs auch spezielle Gehirnjoggingkurse.

175. Waldbaden (Shinrin-Yoku)

Dass ein Waldspaziergang nach einem stressigen Tag oder einem heftigen Streit guttut, ist für Sie vermutlich keine neue Erkenntnis. Leider wurde die gesundheitsfördernde Wirkung des Waldes in der Medizin aber lange unterschätzt. Viele Großstädter haben den Kontakt zur Natur völlig verloren. Dabei ist mittlerweile wissenschaftlich belegt: Aufenthalte im Wald wirken sich nachweislich positiv auf den Körper aus.[13] Das Immunsystem wird gestärkt, Angstzustände und Depressionen gemildert, Stresshormone abgebaut und die Zahl der Killerzellen erhöht. Gute Gründe, um öfter Zeit im Grünen zu verbringen. In Japan ist man in dieser Richtung schon ein gutes Stück weiter. Waldbaden (Shinrin-Yoku), das heißt, bewusste, achtsame Aufenthalte in der Natur, sind im Land der aufgehenden Sonne als anerkannte Stress-Management-Methode fester Bestandteil der Gesundheitsvorsorge. „Forest Medicine“ ist sogar ein eigener Forschungszweig an Universitäten.

Mittlerweile ist Waldbaden auch hierzulande ein Begriff. Nahe Heringsdorf auf der Ostseeinsel Usedom gibt es seit einiger Zeit sogar Europas ersten Kur- und Heilwald. Doch Sie müssen jetzt nicht extra an die Ostsee reisen, um Waldbaden zu praktizieren. Nehmen Sie sich für Ihren nächsten Waldspaziergang doch einmal vor, Ihre Umgebung bewusst wahrzunehmen. Riechen Sie den würzigen Geruch des Harzes, lauschen Sie dem Zirpen der Insekten und lassen Sie Ihren Blick über die verschiedenen Grüntöne des Waldes schweifen. Hierbei kommt es nicht auf die Gehgeschwindigkeit an. Im Gegenteil: Halten Sie an einem schönen Fleckchen einfach einmal bewusst inne und erlauben Sie Ihrem Geist, hinterherzukommen. Wenn es Ihnen (noch) schwerfällt, bewusst innezuhalten oder zu entspannen, oder

13 Li, Q.; Kawada, T. (2013): *Effect of forest environments on human immune function.* In: Li, Q. (Ed.), „Forest medicine“, S. 67–86. Hauppauge, NY: Nova Science Publishers, Inc.

wenn Sie mehr über das Waldbaden erfahren möchten, können Sie auch an einem Waldspaziergang mit einem ausgebildeten Shinrin-Yoku-Trainer teilnehmen. Schauen Sie hierfür auf der Webseite des Bundesverbands Waldbaden (https://www.bundesverband-waldbaden.de/) vorbei.

176. Die Nachbarn kennenlernen

Haben Sie auch das Gefühl, dass das Leben immer anonymer wird? Dann liegen Sie mit Ihrer Vermutung richtig. Studien zufolge kennt nicht einmal jeder Zweite seine Nachbarn. Gleichzeitig wünschen sich aber auch viele Menschen (wieder) eine Nachbarschaft, in der Gemeinschaft gelebt wird. Beispielsweise in Form von gemeinsamen Skatrunden, Nachbarschaftsfesten, Einkaufshilfen, Gemeinschaftsgärten und dem gegenseitigen Verleih von Werkzeugen und Gartengeräten. Doch solch eine gelebte Nachbarschaft sieht man heutzutage selten. Falls es bei Ihnen anders aussieht, dürfen Sie sich glücklich schätzen. Wenn Sie Ihre Nachbarn in den letzten Jahren aber allenthalben im Treppenhaus oder auf der Straße gegrüßt haben und kaum etwas übereinander wissen, obwohl Sie seit Jahren nebeneinander wohnen, wird es Zeit, dies zu ändern!

Aller Anfang ist schwer, insbesondere dann, wenn Sie den Moment, sich vorzustellen, vor Jahren oder schon Jahrzehnten verpasst haben. Daher ist die beste Lösung, nicht gleich mit der Tür ins Haus zu fallen. Lassen Sie sich bei der nächsten Begegnung etwas mehr Zeit und machen Sie Ihren Nachbarn zum Beispiel ein nettes Kompliment zu deren neuen Gartendekoration. Eine andere Möglichkeit kann sein, ein paar Stücke des Kuchens, den Sie „zu viel" gebacken haben, vorbeizubringen. Wenn Sie etwas mutiger sind, können Sie auch einen Aushang am schwarzen Brett machen und ein gemeinsames Grillen mit der Hausgemeinschaft vorschlagen oder Ihre Hilfe anbieten, falls jemand Unterstützung beim Einkaufen, der Kinderbetreuung oder beim Gassigehen braucht.

Eine Möglichkeit, um mit einem größeren Kreis von Nachbarn in Kontakt zu treten, bieten Nachbarschaftsportale wie „nebenan.de". In verschiedenen

Rubriken wie etwa unter den Reitern „Beiträge", „Markplatz", „Veranstaltungen" oder „Gruppen" treffen Sie schnell auf Gleichgesinnte.

177. Aus den eigenen vier Wänden einen Dschungel machen

Wenn Sie schon nicht im Dschungel leben können, dann holen Sie sich den Urwald einfach nach Hause. Damit liegen Sie sogar voll im Trend. Nach Jahren des minimalistischen und cleanen Wohnens sind Zimmerpflanzen angesagt wie nie. Einige seltene Exemplare wie panaschierte Formen der Monstera gehen sogar mittlerweile für einen vierstelligen Betrag über die Theke. Aber keine Sorge: Um Ihr Zuhause in eine grüne Wohlfühloase zu verwandeln, müssen Sie nicht ganz so tief in die Tasche greifen. In vielen Städten gibt es mittlerweile sogar Tauschbörsen, bei denen Pflanzenliebhaber Ihre Stecklinge untereinander tauschen können. Für das viele Grün spricht, dass es eine beruhigende Wirkung hat. Abgesehen davon, dass Pflanzen der Seele guttun, filtern sie auch Schadstoffe aus der Luft und machen als Dekorationselement so einiges her. Beliebt sind aktuell insbesondere Monsteras, Calatheas und Philodendren, aber auch Stars der 70er-Jahre wie der Bogenhanf oder die Grünlilie sind kein seltener Anblick mehr. Um Ihr Zuhause in einen stilechten Urwald zu verwandeln, sollten Sie Ihre Pflanzen mit natürlichen Materialien kombinieren wie etwa Holz, Leinen oder Rattan. Mit der Makramee-Blumenampel erlebt sogar ein weiteres Relikt der 70er-Jahre gerade ein kleines Revival.

Pflanzen, die in Ihrem heimischen Dschungel auf keinen Fall fehlen dürfen:

- Efeutute
- Monstera
- Bogenhanf
- Drachenbaum
- Geigenfeige
- Pilea (Ufopflanze)
- Forellenbegonie
- Einblatt
- Calathea
- Grünlilie
- Yuccapalme
- Elefantenfuß
- Elefantenohr
- Gummibaum
- Geldbaum
- Glückfeder
- Bubikopf
- Glücksbambus
- Philodendron

Gelegenheit, um sich mit Gleichgesinnten auszutauschen, finden Sie insbesondere in einschlägigen Facebook-Gruppen. Falls Sie nicht auf Facebook aktiv sind, können Sie sich auch in Foren wie https://green-24.de/ oder https://www.pflanzenfreunde.com/ austauschen. Allerdings ist die Aktivität hier deutlich geringer. Vielleicht haben Sie aber auch Lust, einen Pflanzenstammtisch in Ihrer Nähe zu gründen, bei dem Sie in aller Ruhe Pflegetipps austauschen und Stecklinge miteinander tauschen können.

178. Alte Videos und Schallplatten digitalisieren

Auf VHS-Kassetten verbergen sich alte Erinnerungsschätze, die man nicht missen möchte. Die Lebensdauer der Kassetten beträgt allerdings nur ca. 35 Jahre. Und dies auch nur unter der Voraussetzung, dass sie richtig gelagert werden. Denn auch wenn die äußere Plastikhülle sehr robust erscheint, sind die innen liegenden Magnetbänder sehr empfindlich. VHS-Kassetten sollte man daher unbedingt bei trockener Luft lagern, nach dem Anschauen immer zurückspulen und sie nicht in der Nähe von Magnetfeldern aufbewahren (zum Beispiel neben Fernseher oder Lautsprecherboxen). Doch selbst bei guter Pflege ist nach ca. drei Jahrzehnten Schluss. Grund hierfür sind der Erdmagnetismus und natürliche Verfallsprozesse, welche die Bildqualität immer schlechter werden lassen.

Um die alten Aufnahmen vor dem Verfall zu bewahren, ist es daher sinnvoll, sich rechtzeitig um ihre Digitalisierung zu kümmern. Hierzu können Sie sich entweder an einen professionellen Anbieter wenden oder die alten Kassetten in Eigenregie digitalisieren. Ersteres kann ziemlich ins Geld gehen, dafür kann ein Profi das Maximum an Qualität aus einer Aufnahme herausholen und gegebenenfalls gerissene Videobänder noch einmal retten. Der finanzielle Aufwand lohnt sich insbesondere dann, wenn es um sehr alte Videos oder sehr kostbare Erinnerungsstücke wie Kindervideos geht. Wenn es um weniger emotionale Videos wie Spielfilme oder alte TV-Aufnahmen geht, lohnt es sich, die Aufnahmen selbst zu digitalisieren. Hierzu benötigen Sie neben Ihrem alten Videospieler eine Software, mit der Sie die übertragenen Videosignale aufzeichnen und abspeichern können. Für welchen Weg Sie sich auch entscheiden: Laden Sie anschließend Ihre alten Freunde oder Ihre Verwandtschaft zu einem Videoabend ein, bei dem Sie gemeinsam in Erinnerungen schwelgen.

179. Auf Weltreise gehen

Viele Menschen träumen ihr Leben lang von einer Weltreise, die wenigsten erfüllen sich diesen Wunsch aber. Mal fehlt es an Geld, mal an Zeit und in einem anderen Lebensabschnitt sind es kleine Kinder, die betreut oder ein Eigenheim, das abbezahlt werden muss. Wenn also nicht jetzt, wann dann? Eine Weltreise wird mit Sicherheit zum Abenteuer Ihres Lebens. Doch häufig fangen die Schwierigkeiten schon vor der Abreise an, wenn Sie Ihre Pläne vor Freunden oder den eigenen Kindern verteidigen müssen. Möglicherweise fürchten Ihre Lieben sich davor, dass Sie den Strapazen einer solchen Reise nicht gewachsen sind oder als älterer Mensch schnell zum Opfer von Dieben werden. Vielleicht haben Sie auch selbst Angst vor Ihrer eigenen Courage. Ein kleiner Mutmach-Tipp: Schauen Sie sich doch mal die ZDF-Sendung „Mit 80 Jahren um die Welt“ an (in der ZDF-Mediathek abrufbar). In dem Format sind Rentner zu sehen, die vermutlich deutlich älter als Sie sind und bislang kaum mehr als das benachbarte Ausland gesehen haben. Der Sender begleitet die mutige Seniorenreisegruppe dabei, wie sie fremde Kulturen und exotische Ort entdeckt. Dabei sind auch das Altern und die Lebenserfahrung der Teilnehmer Thema der Sendung.

Ist der Entschluss zur Reise gefallen, haben Sie die erste Hürde bereits genommen. Jetzt geht es an die Planung. Und zu planen gibt es allerhand: Route, Unterkünfte, Reisebudget, Krankenversicherung, Rente, Impfungen, Visum, Kreditkarten und Packliste sind nur einige der Punkte, die durchdacht werden müssen. Außerdem gilt es, zu klären, was während Ihrer Abwesenheit mit Ihrer Wohnung bzw. Ihrem Haus passiert (eine Vermietung würde beispielsweise die Reisekasse aufbessern). Wenn Ihnen all das zu kompliziert ist oder wenn Sie diese Schritte gerne aus der Hand geben möchten, können Sie entweder eine Pauschalreise rund um die Welt buchen oder sich von einem Profi Ihre individuelle Reise zusammenstellen lassen. Allerdings wird es dann in der Regel auch deutlich teurer.

Wie auch immer Sie die Planung gestalten, eines ist sicher: Sie werden durch Ihre Reise in Ihrer Persönlichkeit wachsen. Vielleicht sehen Sie Ihre bisherigen Pläne und Lebensentwürfe anschließend in einem ganz neuen

Licht oder bringen eine Idee für ein kleines Business oder ein Ehrenamt mit nach Hause. Womöglich gefällt es Ihnen an einem Ort auch so gut, dass Sie einfach etwas länger dortbleiben, um ganz in die Sprache und Kultur einzutauchen

Hilfreiche Internetquellen und Bücher zum Thema Weltreise:

- https://www.geh-mal-reisen.de/weltreise-planen/ (Tipps zur Planung in Eigenregie)
- https://www.weltreise-traum.com/ (Planung und Organisation von individuellen Weltreisen)
- Canaves, Sebastian; Kienzler, Manuel (2018): „Abenteuer Weltreise – Das umfangreiche Buch zur Planung und Durchführung deiner Weltreise“
- Schultz, Patricia (2020): „1000 Places To See Before You Die – Die neue Lebensliste für den Weltreisenden. Die schönsten Reiseziele und Urlaubsideen der Welt“ (Vista Point Verlag GmbH)

180. Sich einer (Senioren-)Theatergruppe anschließen

„Und wenn du den Eindruck hast, dass das Leben Theater ist, dann such dir eine Rolle aus, die dir so richtig Spaß macht.“ (William Shakespeare)

Wenn Sie schon immer von den „Brettern, die die Welt bedeuten“ geträumt haben, ist es noch nicht zu spät, sich diesen Traum zu erfüllen! Ein Seniorentheater ist ein Ensemble aus jung gebliebenen älteren Menschen, die als Laiendarsteller die gemeinsame Leidenschaft am Schauspielen teilen. Das erste Seniorentheater wurde bereits 1979 in Köln gegründet. Mehr Popularität erlangte es aber erst in den 2000ern. Mittlerweile gibt es beinahe in jeder größeren Stadt eine Theatergruppe mit Darstellern im besten Alter. Das spiegelt sich auch in einer zunehmenden Professionalisierung der Theater wider. Theatergruppen für Senioren sind schon lange keine Hobbyveranstaltung für Rentner mehr, sondern fester Bestandteil der Kulturszene und ein Mittler zwischen den Generationen. Schauen Sie doch mal vorbei! Um Teil des Ensembles zu werden, ist Schauspielerfahrung zwar von Vorteil, aber nicht immer erforderlich. Vielmehr steht der gemeinsame Spaß im Vordergrund. Die Altersspanne reicht in der Regel von 50 bis 100. Eine altersmäßig bunt gemischt Truppe also. Wie so häufig sind Männer allerdings etwas in der Minderzahl.

Wenn Sie Lust haben, Theaterluft zu schnuppern, aber noch nicht sicher sind, ob der Platz auf der Bühne der richtige für Sie ist, sind Sie dennoch willkommen. Es werden nämlich auch theaterbegeisterte Helfer gesucht, die hinter der Bühne für einen reibungslosen Ablauf sorgen.

181. Intuitives Bogenschießen

Das intuitive Bogenschießen hat eine Geschichte, die fast so alt ist wie die Menschheit selbst. Bei dieser jahrtausendealten Jagdtechnik liegt der Fokus auf der geistigen Übung und weniger auf der Anzahl der Treffer. Sie schießen nicht bewusst, etwa indem Sie mit dem Pfeil zielen, sondern intuitiv, indem Sie einen Punkt des Ziels optisch und mental fokussieren. Der Schuss erfolgt automatisch – und das häufig mit erstaunlicher Präzision! Hierzu bedarf es jedoch viel Übung, um sich einen konstanten Schussablauf anzueignen. Die gleichzeitige Beanspruchung von Körper und Geist soll Blockaden lösen und zu einem inneren Gleichgewicht beitragen. Außerdem verbringen Sie bei dieser ruhigen Sportart viel Zeit an der frischen Luft und trainieren durch das Wechselspiel von konzentrierter Anspannung und anschließender Entspannung die gesamte Muskulatur. Es ist ein schönes Gefühl, ganz auf die eigene Intuition zu achten und damit ins Schwarze zu treffen. Damit stärkt intuitives Bogenschießen das Vertrauen in die eigenen Fähigkeiten.

182. Sich Finanzwissen aneignen

Auch wenn Sie mit dem Berufsleben abgeschlossen haben, bedeutet dies noch lange nicht, dass Ihr Einkommen sich auf die Rentenzahlungen beschränken muss. Je nachdem, wie Ihre Träume und Wünsche für den Ruhestand aussehen, benötigen Sie schließlich auch ein entsprechendes Budget, um diese zu verwirklichen. Möglichkeiten, Geld zu investieren, gibt es viele: Immobilien, Aktien, Edelmetalle, Sachwerte, ETFs oder Anleihen. Aber welche dieser Anlageformen ist am besten geeignet? Der Schlüssel zum erfolgreichen Investieren liegt in der finanziellen Bildung. Das bedeutet, sich eigenes Wissen rund um Themen wie Vermögensaufbau, Anlageformen und Versicherungen aufzubauen, um selbstbestimmt Entscheidungen treffen zu können. Denn wer vom Wissen eines Finanzberaters abhängig ist, zahlt oft eine Provision, ohne überhaupt zu wissen, ob die gewählte Anlageform auch wirklich sinnvoll ist. Damit der Einstieg in die Welt der Finanzen gelingt, benötigen Sie zunächst ein fundiertes Grundwissen, das Sie sich mithilfe von Büchern, Seminaren oder Gesprächen mit fachkundigen Freunden und Bekannten aneignen können. Am meisten lernen Sie allerdings aus eigenen Erfahrungen, was jedoch Zeit benötigt. Am sinnvollsten ist es, sich zunächst kleine Ziele für den Vermögensaufbau zu setzen. Hohe Renditen gehen in den meisten Fällen nämlich auch mit einem hohen Risiko einher. Mit etwas Erfahrung können Sie die eingesetzten Summen nach und nach steigern und sich auf diese Weise Ihre Rente mit etwas Zeit aufbessern.

183. Eine neue Gewohnheit etablieren

Der Mensch ist ein Gewohnheitstier – im positiven wie im negativen Sinne. Der Kaffee am Morgen, der Hausputz am Samstag oder der Tatort am Sonntagabend. Auf der einen Seite erleichtern uns Routinen den Alltag. Das Gehirn wird nicht unnötig belastet, da einige alltägliche Dinge automatisiert ablaufen. Auf der anderen Seite ist es aber auch sehr schwer, schlechte Gewohnheiten zu ändern (etwa mit dem Rauchen oder Nägelkauen aufzuhören oder die Chipstüte am Abend wegzulassen) oder neue sinnvolle Gewohnheiten zu etablieren. Das benötigt viel Disziplin und Ausdauer. Im Durchschnitt dauert es 66 Tage, bis aus einem neuen Verhalten eine Gewohnheit wird.[14] Eine ganz schön lange Zeit. Allerdings kann Ihnen dieses Wissen helfen, die Flinte nicht allzu schnell ins Korn zu werfen, wenn es einmal nicht so klappt, wie Sie sich das vorgestellt haben. Auch ein paar Mal aus-

14 Lally, Phillippa et al. (2010): „How are habits formed: Modelling habit formation in the real world." European Journal of Social Psychology 40.6, S. 998–1009.

zusetzen hat keinen Einfluss darauf, ob ein neues Verhalten tatsächlich zur Gewohnheit wird. Vorausgesetzt natürlich, Sie bleiben trotzdem am Ball.

Wie wäre es, wenn Sie die Zeit des Umbruchs nutzen, um direkt ein oder mehrere neue Gewohnheiten in Ihren Alltag zu integrieren?

Beispiele für neue Gewohnheiten:

- Öl ziehen
- Kalt duschen
- Nach 18 Uhr nichts mehr essen
- Tagebuch führen
- Täglich meditieren
- Einen Mittagsschlaf machen
- Morgens ein Glas warmes Wasser trinken
- Ins Fitnessstudio gehen
- Vollkornprodukte essen (anstelle von Weizenprodukten)
- Die Treppe nehmen
- Acht Stunden täglich schlafen
- Familienessen einführen
- Jeden Abend drei Dinge aufschreiben, für die Sie an diesem Tag dankbar sind

184. Einen Minijob suchen

Es ist nicht jedermanns Sache, vom einen auf den anderen Tag aus dem Berufsleben auszusteigen. Immerhin war die Arbeit – so stressig sie oft auch gewesen ist – jahrzehntelang fester Bestandteil Ihres Lebens. Daher kann für den einen oder anderen Neuruheständler eine schrittweise Reduzierung der Arbeitszeit sinnvoller sein, als urplötzlich mit der Arbeit aufzuhören. Hierfür bietet sich ein 450-Euro-Job an. Mit den (freiwilligen) Rentenversicherungsbeiträgen aus Ihrem neuen Job können Sie Ihre Rente sogar noch etwas aufbessern. Vielleicht haben Sie ja die Chance, in Ihrer alten Firma mit reduzierter Stundenanzahl weiterarbeiten zu können und Ihrem Nachfolger so noch etwas länger zur Seite zu stehen. Es kann aber auch spannend sein, mit einem Minijob in einen ganz neuen Bereich hineinzuschnuppern. Wenn Sie schon immer gerne gewerkelt haben und ein gewisses handwerkliches Geschick besitzen, können Sie beispielsweise eine zweite Karriere als Hausmeister starten. Wenn Sie gerne mit Menschen in Kontakt sind, bietet sich eine Tätigkeit im Verkauf oder im Fahrdienst an. Unabhängig davon, in welche Branche es Sie zieht: Ihr neuer Arbeitgeber wird Ihre Erfahrung und Gelassenheit als älterer Arbeitnehmer sicherlich zu schätzen wissen.

185. Zur Vorsorge gehen oder einen umfassenden Gesundheitscheck machen

Wenn Sie bislang auch zu der Fraktion gehören, die nur einen Arzt aufsucht, wenn es dringend nötig ist, überdenken Sie dies noch einmal. Immerhin bedeutet Vorsorge auch, Verantwortung für sich selbst zu übernehmen. Die Behandlungsmöglichkeiten für viele Erkrankungen sind in der Regel deutlich besser, wenn die Krankheiten bereits erkannt werden, bevor Symptome auftreten. Früherkennungsuntersuchungen (zum Beispiel für Darmkrebs, Brustkrebs oder Hautkrebs) richten sich sogar explizit an eigentlich gesunde Menschen. Als gesetzlich Krankenversicherter haben Sie, abhängig von Ihrem Geschlecht und Ihrem Alter, Anspruch auf zahlreiche Früherkennungsuntersuchungen. Welche Untersuchungen für Sie infrage kommen, können Sie bei einem Arztbesuch oder bei Ihrer Krankenkasse erfragen. Alle zwei Jahre haben Sie sogar Anspruch auf einen Komplettcheck beim Hausarzt. Oftmals belohnen die Krankenkassen Ihren Arztbesuch noch mit einem Bonusprogramm. In jedem Fall sollten Sie aber einen Arzt aufsuchen, bevor Sie eine ehrgeizige sportliche Herausforderung angehen möchten.

Neben den Vorsorgeuntersuchungen sind auch Schutzimpfungen wichtig. Und das nicht nur, wenn Sie in tropische Gebiete fahren. Denn nicht alle Impfungen schützen ein Leben lang. Beispielsweise sollten Tetanus und Diphtherie alle zehn Jahre aufgefrischt werden. Nehmen Sie am besten Ihren Impfpass mit und besprechen Sie mit Ihrem Hausarzt, welche Impfungen für Sie sinnvoll sind. Darüber hinaus sollten Sie auch regelmäßig bei Ihrem Ihren Zahn-, Augen- und HNO-Arzt durchchecken lassen.

Das klingt zwar nach vielen Untersuchungen, allerdings haben Sie so die Chance, Ihren Ruhestand lange in vollen Zügen genießen zu können. Und vielleicht freut es Sie ja, dass Sie als Ruheständler nun auch endlich in der komfortablen Situation sind, die Stoßzeiten im Wartezimmer meiden zu können.

186. Sticken lernen

Das Sticken galt nicht nur lange Zeit als spießig und altmodisch, sondern auch als Inbegriff einer rückwärtsgerichteten und unmodernen Gesellschaft, in der die Frau zu Hause vor dem Kamin saß und stickte, während der Mann sich in gesellschaftlichen Kreisen bewegte. Diese Zeiten sind Vergangenheit. Dennoch hat es lange gedauert, bis sich das Sticken von diesem Image lösen konnte. Mittlerweile hat die Nadelmalerei aber ein beeindruckendes Revival hingelegt. H&M, Gucci, Dolce & Gabbana – all die großen Designer und Modehäuser haben wieder bestickte Textilien in ihren Kollektionen. Diese Entwicklung hat auch dafür gesorgt, dass Sticken im Do-it-yourself-Bereich wieder einen festen Platz bekommen hat. Neben dem Klassiker – Monogramme für Handtücher oder Hemden zu sticken –, erfreuen sich selbstbestickte T-Shirts, Kissen oder Grußkarten großer Beliebtheit. Im Grunde gibt es kaum etwas, was nicht bestickt werden kann. Sie können Ihrer Kreativität quasi freien Lauf lassen. Vielleicht können Sie ja auf ein paar rudimentäre Strickkenntnisse aus dem Handarbeitsunterricht zurückgreifen. Falls nicht, auch kein Problem! Das Schöne am Sticken ist, dass sich die Technik ganz einfach erlernen lässt, und Sie auch als Stickanfänger schnell kleine Kunstwerke schaffen können.

187. Eine neue Liebe finden

„Bis dass der Tod uns scheidet“ – dieser Spruch bewahrheitet sich heutzutage häufig längst nicht mehr. Auch eine langjährige Ehe bzw. ein fortgeschrittenes Alter sind kein Garant mehr dafür, später auch gemeinsam den Ruhestand zu verbringen. Mittlerweile gibt es immer öfter auch Ehen von Paaren über 60, die scheitern. Anstatt wie früher die restlichen Jahre auch noch irgendwie miteinander herumzubekommen, ziehen viele Senioren es heute vor, sich aus einer unglücklichen Ehe zu lösen. Es liegen immerhin noch knapp zwei Jahrzehnte Lebenszeit vor Ihnen. Was auch immer der Grund sein mag, dass Sie allein in den Ruhestand starten, bedenken Sie, dass die Liebe kein Privileg der Jugend ist. Auch wenn Sie schon Jahre oder Jahrzehnte Single sind, ist es nicht zu spät, noch einmal einen zweiten Frühling zu erleben und all die Abenteuer, die im Ruhestand warten, gemeinsam zu erleben.

Mögliche Anlaufstellen, um einen Partner kennenzulernen:

- Singlebörsen im Internet
- Tanzabende
- Speed-Dating
- (Single-)Reisen
- Suche über Zeitungsannoncen
- Mitgliedschaften in Vereinen, Clubs oder bei Stammtischen
- Ein Hobby oder Ehrenamt

Mit Sicherheit gestalten sich Partnersuche und Dating-Phase mit 60 oder 70 etwas anders als mit Mitte 20. Aber ein höheres Lebensalter hat auch seine Vorteile. So besteht zum Beispiel nicht der Druck, möglichst bald jemanden für die Familiengründung finden zu müssen. Die Beziehung findet mehr im Hier und Jetzt als in der Zukunft statt. Zudem haben Senioren-Singles viel Lebenserfahrung und kennen ihre Bedürfnisse und Vorstellungen von einer Partnerschaft ziemlich gut. Außerdem stehen Sie als Ruheständler nicht mehr vor dem Problem, den stressigen Arbeits- und Familienalltag mit einer Partnerschaft vereinbaren zu müssen.

188. Einem Lesezirkel beitreten

Wenn Sie Bücher lieben und sich gerne mit Gleichgesinnten austauschen möchten, kann ein Literatur- oder Lesezirkel passend für Sie sein. Die Mitglieder entscheiden gemeinsam, welches Buch sie in nächster Zeit lesen wollen. Beim nächsten Treffen diskutieren und analysieren sie dieses dann. Der Haken an der Sache ist zwar, dass Sie nicht immer diejenigen Bücher lesen werden, die auf Ihrer eigenen Wunschliste stehen; vielleicht entdecken Sie so aber auch ganz andere Genres oder Autoren für sich. Leider sind Lesezirkel hierzulande nicht so verbreitet wie in den USA. Vielleicht kann Ihnen Ihre Stadtbücherei oder eine Buchhandlung in der Nähe Auskunft geben, ob Lesezirkel stattfinden. Selbstverständlich können Sie mit einigen Freunden und Bekannten auch Ihren eigenen Lesezirkel gründen. Auf https://www.mein-literaturkreis.de/ finden Sie zahlreiche Tipps zur Gründung eines Lesezirkels sowie Buchempfehlungen. Falls Sie (noch) nicht direkt Ihren eigenen Lesezirkel gründen möchten, finden Sie auf der Webseite auch Anlaufstellen für Online-Leseclubs.

189. Gärtnern

Sie befürchten, dass Ihnen im Ruhestand die Aufgaben ausgehen? Dann fangen Sie an zu gärtnern. Ob Unkraut zupfen, Blumen gießen, Gemüse ernten oder düngen – im Garten gibt es immer etwas zu tun. Insbesondere dann, wenn Sie sich für einen Nutzgarten entscheiden und Ihr eigenes Obst, Gemüse und vielleicht sogar tropische Früchte anbauen. Wussten Sie zum Beispiel, dass auch Kiwis, Feigen und Avocados in unseren Breitengraden gedeihen können? Interessant, oder? Gärtnern ist ein Hobby, bei dem Sie viel Zeit an der frischen Luft verbringen und sich ganz nebenbei noch körperlich betätigen. Zudem können Sie nicht nur von Tag zu Tag den Früchten Ihrer eigenen Arbeit beim Wachsen zusehen, sondern diese irgendwann auch kosten. Sie werden überrascht sein, welche Leckereien aus Ihrem eigenen Garten kommen. Die mit viel Aufmerksamkeit und Liebe angebauten Lebensmittel schmecken nämlich viel besser als Obst, Gemüse und Kräuter aus dem Supermarkt, die oft lange Transportwege, zu frühe Ernten und chemisch manipulierte Wachstumszyklen hinter sich haben. In Ihrem Garten sind Sie Ihr eigener Herr, können das Saatgut selbst auswählen und getrost auf chemische Pflanzenschutzmittel verzichten. Einen kürzeren Transportweg als von Ihrem Garten in Ihre Küche kann es wohl kaum geben.

All dies setzt natürlich ein Stück grüne Fläche voraus. Allerdings gibt es auch ohne eigenen Garten Wege und Möglichkeiten, um in den Genuss von selbstgeerntetem Bio-Obst und -Gemüse zu kommen. Neben der Möglichkeit, einen Schrebergarten zu pachten, kann man in vielen Regionen auch ein Stück Acker pachten oder an einem Gemeinschaftsgartenprojekt teilnehmen. Selbstverständlich können Sie auch erst einmal im Kleinen starten und Ihre eigenen Tomaten mithilfe eines Rankgitters auf dem Balkon ziehen. Für einen Kräutergarten reicht sogar die Fensterbank.

190. Computerspiele spielen

Computerspiele sind nur was für junge Leute? Keineswegs! Etwa neun Millionen Deutsche über 50 sollen regelmäßig Video- oder Computerspiele spielen[15] – mit steigender Tendenz. Ein Grund für das wachsende Interesse älterer Menschen an Computerspielen sind Tablets und Smartphones, die den Zugang zu Spielen deutlich erleichtert haben. Um spielen zu können, muss sich niemand mehr eine teure Konsole oder einen leistungsfähigen Gaming-PC anschaffen. Viele Spiele wie „Mahjongg“ oder „Sudoku“ sind auf den meisten Geräten sogar schon vorinstalliert. So ist nicht verwunderlich, dass auch bei älteren Smartphone-Nutzern nach WhatsApp, Google Maps und weiteren Apps, die den Alltag erleichtern, Spiele am häufigsten genutzt werden. Ältere Menschen spielen dabei weniger die klassischen Egoshooter, sondern Spiele, die sie bereits aus der analogen Welt kennen. Hierzu gehören Puzzle, Kreuzworträtsel, Quizze, Gehirnjogging- und Geschicklichkeitsspiele. Aber auch Strategie- und Rollenspiele wie „World of Warcraft“ sind beliebt, bei denen man sich mit mehreren Spielern zu einem Team (bzw. einer Gilde) zusammenschließen kann.

Spiele sorgen nicht nur für Spaß und Abwechslung, sie sind auch gut für die grauen Zellen. Je nach Spiel können Sie Gleichgewicht, Gedächtnis, Koordination oder Ihre Feinmotorik trainieren. Vorausgesetzt natürlich, Sie übertreiben es nicht und halten Ihre tägliche Spielzeit in Grenzen. Reservieren Sie sich am besten bestimmte Zeiten, in denen Sie nach Herzenslust zocken. Andernfalls können Spiele schnell zu einem Zeitfresser werden – und Sie möchten in Ihrem Ruhestand sicher auch noch andere spannende Dinge erleben.

Wenn Sie noch nicht überzeugt sind, dann schauen Sie auf dem YouTube-Kanal „Senioren zocken“ vorbei, der mittlerweile über 700.000 Abonnenten zählt. Einmal wöchentlich finden Sie dort ein neues Video, in dem Senioren, die von sich selbst behaupten, keine Angst vor Technik zu haben, ein neues Computerspiel ausprobieren. Schauen Sie ihnen beispielsweise dabei zu, wie

15 Quelle: Verband der deutschen Games-Branche.

sie in einem Landwirtschaftssimulator schwere Maschinen durch die Felder steuern, ihren ersten Sieg bei „Fortnite“ feiern oder sich bei „Mario Kart“ ein spannendes Rennen liefern.

191. Für eine gute Sache demonstrieren

Atommülltransporte, rücksichtslose Bauprojekte, Altersarmut, Tierversuche, Fremdenhass – es gibt vieles, für das es sich lohnt, auf die Straße zu gehen. Trauen Sie sich! Mit Ihrem Protest sind Sie keineswegs allein. 9,5 Prozent der Frauen und 11,3 Prozent der Männer haben in den letzten fünf Jahren an einer Demonstration teilgenommen.[16] Und das mit Erfolg! Betrachten wir nur einmal die Fridays-for-Future-Bewegung, die den Klimaschutz ins öffentliche Bewusstsein gebracht hat, oder die Anti-Atom-Kraft-Bewegung, die mittlerweile ihr Ziel – den Ausstieg aus der Atomkraft – erreicht hat. Ein Forscherteam der Harvard-Universität hat den Einfluss von Demonstrationen auf politische Entscheidungen in einer Studie belegt.[17] Die Forscher konnten folgendes nachweisen: In Städten, in denen mehr Menschen für die konservative Tea-Party-Bewegung auf die Straße gingen, war deren Anliegen nicht nur in den Medien präsenter, sondern es stimmten auch mehr Abgeordnete im Sinne der Demonstranten ab. Die Vermutung der Forscher war, dass die Proteste vor allem unentschlossene Entscheidungsträger beeinflusst haben. Wie Sie sehen, kann die Teilnahme an einer Demonstration manchmal einiges bewirken. Insbesondere auf lokaler Ebene können Proteste schnell dafür sorgen, dass ein Thema von der Politik nicht mehr länger ignoriert werden kann. Und falls nicht: Eine Niederlage ist besser, als es gar nicht erst versucht zu haben.

---

16 https://de.statista.com/infografik/9163/die-deutschen-gehen-nur-selten-zu-demonstrationen/

17 Madestam, A.; Shoag, D; Veuger, S.; Yanagizawa-Drott, D. H. (2013): „Do Political Protests Matter? Evidence from the Tea Party Movement." The Quarterly Journal of Economics 128 (4) (August 11), S. 1633–1685.

192. Einen Roadtrip machen

Rein ins Auto, Radio an und einfach losfahren. Wohin? Völlig unwichtig, solange Sie so mutig sind, einmal nicht der schnellsten Route zu folgen, die Ihnen das Navi vorschlägt. Abseits der Autobahnen gibt es nämlich so einiges zu entdecken – egal wo. Ein „Roadtrip“ (mit Sicherheit ist Ihnen der Begriff schon in amerikanischen Spielfilmen begegnet) bezeichnet eine spezielle Form des Reisens mit dem PKW, dem Motorrad oder einem Wohnwagen, bei dem die Route nur grob oder gar nicht geplant ist. Roadtrips stehen für ein Gefühl von grenzenloser Freiheit und sind für viele nicht nur eine besondere Art zu reisen, sondern drücken ein Lebensgefühl aus. Die wohl bekannteste Route für einen Roadtrip und der Traum eines jeden Bikers ist die legendäre Route 66 von Chicago nach Santa Monica oder der Pacific Coast Highway in Kalifornien. Allerdings müssen Sie nicht bis in die USA reisen, um traumhafte Landschaften und malerische Städte mit dem Auto zu erkunden. Auch in Europa und sogar Deutschland gibt es abseits der großen Verkehrswege großartige Routen zu entdecken.

Traumhafte Routen in Europa:

- Wild Atlantic Way (Irland)
- Bloemen Route (Niederlande)
- Amalfi-Küste (Italien)
- Romantikstraße (Österreich)
- Transfagarasan Highway (Rumänien)
- Französische Riviera
- Adria Magistrale (Kroatien und Montenegro)
- Atlantic Highway (England)
- Trollstigen (Norwegen)
- Ringstraße (Island)
- North Coast 500 (Schottland)
- Elsässer Weinstraße (Frankreich)
- Burgenstraße (Deutschland und Tschechien)

Spektakuläre Roadtrips in Deutschland:

- Deutsche Alpenstraße (von Lindau nach Berchtesgaden)
- Märchenstraße (von Hanau nach Bremerhaven)
- Deutsche Weinstraße (von Schweigen-Rechtenbach nach Bockenheim)
- Rheinroute (von Mainz nach Koblenz)
- Deutsche Alleenstraße (von Rügen bis an den Bodensee!)

Auch wenn Spontanität und Freiheit charakteristisch für Roadtrips sind, macht ein wenig Planung trotzdem Sinn. Denn je nach Region und Saison kann es schwierig werden, spontan Hotels zu finden, auch wenn Sie mit einem PKW deutlich flexibler sein können, als Touristen, die auf eine zentrale Unterkunft angewiesen sind. Für einen entspannten Start, vor allem bei Trips im Ausland, ist es daher sinnvoll, die Unterkunft für die erste Nacht bereits im Voraus zu buchen, um nach einer langen Anreise nicht noch verschiedene Hotels abklappern zu müssen. Außerdem könnten Sie bereits vor dem Start in Ihr Abenteuer Reiseführer oder Reiseblogs wälzen und ein paar Sehenswürdigkeiten festlegen, die Sie auf keinen Fall verpassen möchten. Es bietet sich an, die Route grob zu planen, aber dennoch spontan zu bleiben. Verweilen Sie dort, wo es Ihnen gefällt, und biegen Sie auch mal rechts und links von der Strecke ab. Ein Roadtrip lebt davon, ohne Zeitdruck auch die Ecken eines Landes zu erkunden, die nicht so überlaufen und aus touristischer Sicht eher unbekannt sind.

193. Gegen Altersdiskriminierung kämpfen

In den letzten Jahrzehnten hat der Anteil älterer Menschen beständig zugenommen. Waren 1970 noch 11,1 Prozent der Bevölkerung über 67 Jahre alt, so sind dies mittlerweile bereits 19,2 Prozent.[18] Ältere Menschen sind somit alles andere als eine Minderheit. Dennoch werden sie in vielen Lebensbereichen benachteiligt: Banken verwehren Senioren trotz finanzieller Sicherheit Kredite, Stromanbieter lehnen ältere Neukunden ab und Versicherungen

18 GENESIS-Online: Bevölkerung: Altersjahre, Geschlecht (04/2020).

nehmen höhere Beiträge, wenn die Kunden ein gewisses Alter überschritten haben. Obwohl Altersdiskriminierung im Allgemeinen Gleichbehandlungsgesetz vom Gesetzgeber verboten ist, sind die genannten Beispiele leider häufig Realität. Vielleicht haben Sie bereits eine ähnliche Situation erlebt. Diskriminierung aufgrund Ihres Alters müssen Sie keineswegs hinnehmen. Auf der Webseite der Antidiskriminierungsstelle des Bundes (https://www.antidiskriminierungsstelle.de/) haben Sie die Möglichkeit, einen Vorfall zu melden, oder sogar eine kostenlose rechtliche Einschätzung zu Ihrem Fall zu erhalten.

Wenn Sie sich darüber hinaus für die Interessen Ihrer Altersgruppe in unserer Gesellschaft einsetzen möchten, ist die Bundesarbeitsgemeinschaft der Seniorenorganisationen (kurz: BAGSO) eine erste Anlaufstelle. Die BAGSO ist ein Zusammenschluss von ca. 120 Vereinen und Verbänden, die von älteren Menschen getragen werden oder sich für deren Belange einsetzten. Die Arbeitsgemeinschaft hat es sich zur Aufgabe gemacht, die Interessen der älteren Generation zu vertreten und sich für ein aktives, selbstbestimmtes und möglichst gesundes Älterwerden einzusetzen. Neben Altersdiskriminierung sind politische Partizipation, der Umgang mit Demenz und Einsamkeit im Alter wichtige Themen.

Eine Übersicht der Mitgliedsverbände der BAGSO finden Sie hier: https://www.bagso.de/die-bagso/mitglieder/.

194. Deutsch unterrichten

Die wichtigste Voraussetzung für eine erfolgreiche Integration ist, die jeweilige Landessprache zu lernen. Nur so gelingt es, im neuen Land Fuß zu fassen, Kontakte zu knüpfen und auf dem Arbeitsmarkt eine Chance zu haben. Ein Teilnahmeanspruch an einem staatlichen Integrationskurs besteht in Deutschland jedoch erst mit dem Erhalt einer Aufenthaltserlaubnis. Bis über einen Asylantrag entschieden wird, vergehen allerdings oft Monate. Eine lange Zeit. Die einzige Chance, Deutsch zu lernen, ist für die allermeisten Geflüchteten daher für lange Zeit nur, einen kostenfreien Sprachkurs zu besuchen, den Freiwillige geben. Vielleicht haben Sie Lust, sich auf diese

Weise zu engagieren? Die meisten Geflüchteten sind ihren ehrenamtlichen Helfern mehr als dankbar und gewähren auch gerne Einblicke in ihre eigene Kultur. Haben Sie keine Angst, hierfür nicht qualifiziert genug zu sein. Um Deutsch auf ehrenamtlicher Basis zu unterrichten, ist kein Pädagogik- oder Germanistikstudium nötig. Es geht in allererster Linie um den Aufbau eines Grundwortschatzes und darum, einen ersten Kontakt zur deutschen Sprache zu bekommen. Neben didaktischen Fähigkeiten sind es vor allem Geduld, Empathie, Neugierde und Freude am Lehren, die einen guten Lehrer ausmachen.

In den meisten Fällen stehen Sie auch nicht allein da. Vielerorts gibt es schon Hilfsangebote von Geflüchteten von Kirchengemeinden, Vereinen, Jugendcafés oder von der Caritas und Diakonie. Hier können Sie einem erfahreneren Deutschlehrer erst einmal über die Schulter schauen und sind mit der Unterrichtsgestaltung nicht auf sich allein gestellt. Es muss auch nicht immer eine Gruppe sein, die Sie unterrichten. Sie können auch einer Einzelperson oder einer Familie beim Einstieg in die deutsche Sprache helfen. Jede Hilfe zählt!

Links, die Ihnen weiterhelfen können:

- Wie kann ich helfen? (https://wie-kann-ich-helfen.info/) ist ein umfangreiches Informationsportal für Ehrenamtliche, die sich in der Flüchtlingshilfe engagieren möchten.
- Im VHS-Ehrenamtsportal (https://vhs-ehrenamtsportal.de/themenwelten/deutsch-lernen) finden Sie hilfreiche Lektionen zu Themen wie „Lerntreffen gestalten“ oder „Umgang mit Fehlern“ und können sich Materialien für Ihren Unterricht herunterladen.
- Falls es in Ihrem Ort noch keine Kursstruktur gibt, hilft Ihnen der Leitfaden „Wie starte ich einen Deutschkurs für Flüchtlinge?“ dabei, wie Sie Schritt für Schritt einen Deutschkurs auf die Beine stellen (https://sprache-ist-integration.de/leitfaden-einstieg/).
- Im Online-Kursraum für die Spracharbeit mit Geflüchteten des Goethe-Instituts (https://www.goethe.de/de/spr/flu/esd.html) fin-

den Sie, insbesondere als Einsteigerzahlreiche Tipps und Materialien zur Unterrichtsgestaltung.

- Auf der Webseite des Klett Verlags (https://www.klett-sprachen.de/kostenlose-materialien/c-1161) erhalten Sie kostenlose Unterrichtsmaterialien zum Download.

195. Mitglied in einem Fitnessstudio werden

Viele, die an Senioren und Sport denken, assoziieren damit Nordic Walking und Gymnastikgruppen – seltener Fitnessstudios. Doch warum eigentlich? Entgegen häufiger Klischees tummeln sich in Fitnessstudios nicht nur Möchtegern-Bodybuilder. Im Gegenteil: Der Großteil interessiert sich nicht dafür, einen Adoniskörper zu bekommen, sondern kommt aus Freude am Training und zum Aufbau und Erhalt von Kraft und Ausdauer ins Studio. Bei einem gesundheitsorientierten Krafttraining liegt der Fokus ohnehin auf einem schonenden Muskelaufbau. Insbesondere Senioren können von einem moderaten Kraft- und Ausdauertraining profitieren, denn je älter wir werden, desto mehr schwindet die Muskelmasse. Der Prozess ist zwar schleichend, kann aber dennoch zu vielen Altersbeschwerden führen und die Gefahr von Stürzen und Verletzungen erhöhen. Die gute Nachricht ist: Auch als Späteinsteiger können Sie durch ein gezieltes Training noch einen deutlichen Kraftzuwachs erleben. Zudem stärken Sie Ihr Herz-Kreislaufsystem und stabilisieren Knochen, Sehnen und Gelenke. Abgesehen davon werden bei jeder Trainingseinheit auch viele Endorphine ausgeschüttet, die für gute Laune sorgen.

Wenn Sie in jüngeren Jahren bereits einmal in einem Studio angemeldet waren und es Ihnen immer zu laut und voll war, geben Sie dem Ganzen noch einmal eine Chance. Mittlerweile müssen Sie sich nicht mehr nach Feierabend mit zahlreichen Berufstätigen um die freien Geräte scharen. Stattdessen können Sie vormittags gehen, wenn das Studio leer und alles noch ordentlich und sauber ist. Meist ist dann auch ein anderes Klientel anzutreffen und die Trainer haben mehr Zeit, um zwischendurch auf Ihre Fragen einzugehen. Besitzt Ihr Fitnessstudio einen Wellnessbereich, dann können

Sie sich darauf freuen, Ihr Training außerhalb der Stoßzeiten in einer leeren Sauna ausklingen zu lassen.

196. Gesellschaftsspiele spielen

„Spiel ist notwendig zur Führung eines menschlichen Lebens“, sagte der Philosoph und Theologe Thomas von Aquin bereits im Mittelalter. Dieses Zitat beschreibt sehr gut, was mit dem Erklärungsmodell des Homo ludens (auf Deutsch: *der spielende Mensch*) gemeint ist. Diesem Modell zufolge soll der Mensch nämlich all seine kulturellen Fähigkeiten über das Spielen entdecken. Gespielt wird um des Spielens willen und nicht, um etwas zu bezwecken. In einem Spiel können wir vollkommen versinken und jegliches Zeitgefühl verlieren. Zudem sind Gesellschaftsspiele – gerade im fortgeschrittenen Alter – ideal, um das Gedächtnis und motorische Fähigkeiten zu fördern. Worauf warten Sie noch? Entdecken Sie Ihren Spieltrieb wieder, damit sind Sie in guter Gesellschaft. Laut einer Umfrage des Allensbacher Instituts spielen etwa 33 Millionen Menschen in Deutschland ab und zu Gesellschaftsspiele, ca. 5,6 Millionen sogar regelmäßig. Eine beeindruckende Zahl. So ist nicht verwunderlich, dass neben Klassikern wie „Monopoly“, „Uno“, „Trivial Pursuit“, „Risiko“ oder „Die Siedler von Catan“ jedes Jahr unzählige Neuerscheinungen auf den Markt kommen. Sie könnten sich überlegen, mit ein paar Gleichgesinnten einen regelmäßigen Spieletreff zu gründen. Falls es in Ihrem Bekanntenkreis keine leidenschaftlichen Gesellschaftsspieler gibt, schalten Sie eine Zeitungsanzeige oder fragen Sie in einer lokalen Facebook-Gruppe nach. Schauen Sie auch auf der Internetseite https://www.gesellschaftsspieler-gesucht.de/ vorbei. Hier können Sie ebenfalls Mitspieler in Ihrer Nähe finden.

197. Einen Oldtimer besitzen

Wer einen Oldtimer fährt, zieht häufig auch viele bewundernde Blicke auf sich. Hinter der Leidenschaft für historische Automobile verbirgt sich so viel mehr, als einen Oldtimer lediglich als Statussymbol zu sehen. Viele Besitzer schwärmen von dem ursprünglichen Fahrgefühl: Der Motor brummt, man sitzt tief und muss häufig auch viel Kraft aufwenden, um zu bremsen oder den Gang zu wechseln. Zudem umgibt die meisten Oldtimer ein nostalgisches Flair. Beispiele hierfür sind der VW Käfer, der einen in die Zeit des Wirtschaftswunders katapultiert oder der Alfa Romeo, der Erinnerungen an das Dolce Vita in vergangenen Italienurlauben weckt. Vielleicht haben Sie beim Anblick eines Oldtimers auch schon mit dem Gedanken gespielt, sich einen zuzulegen. Immerhin haben Sie nun endlich die Zeit, um ausgiebig in Fachzeitschriften zu schmökern und Oldtimermessen zu besuchen. Denken Sie auch an die Oldtimer-Rallyes, an denen Sie nun endlich teilnehmen können – und an all die spontanen Ausfahrten ins Grüne bei traumhaftem Frühlingswetter.

Entgegen der weitverbreiteten Meinung ist die Liebe zum alten Blech nicht nur ein Hobby für Gutbetuchte. Der Durchschnittswert eines Oldtimers liegt bei etwa 15.000 Euro. Während die Preise nach oben hin weit in den siebenstelligen Bereich reichen, können Sie für einen mittleren vierstelligen Betrag bereits den beliebten VW Käfer, einen Opel Ascona, einen Porsche 924 oder einen Mercedes W123 Ihr Eigen nennen. Wenn Sie nicht die Möglichkeit haben, sich einen Oldtimer zu kaufen oder vor einen Kauf noch zurückschrecken, dann mieten Sie sich Ihr Traumauto für einen Tag bzw. für ein Wochenende. Oder noch besser: Buchen Sie einen Oldtimerurlaub – um beispielsweise die Traumstraßen der Toskana mit einem Alfa Romeo Spider entlangzufahren.

198. Das Haustier trainieren

Lange Arbeitstage und Überstunde waren einmal. Endlich haben Sie genug Zeit für Ihren kleinen Liebling. Wie wäre es, wenn Sie diese Zeit nutzen, um Ihr Haustier ein wenig zu fordern und ihm ein paar Tricks beizubringen? Insbesondere Hunde sind neugierig und lieben es, beschäftigt zu werden. Neben kleinen Tricks wie „Pfötchen geben“, „High Five“ und „Rolle“ gewinnt das sogenannte Agility-Training als Hundesportart in den letzten Jahren immer mehr Fans. Bei dieser in den 1980er-Jahren in England entwickelten Sportart hat ein Hund die Aufgabe, möglichst schnell und fehlerfrei einen Hindernis-Parcours zu bewältigen (zum Beispiel Reifenspringen, Tunnel, Slalom etc.). Um den Parcours souverän zu meistern, wird dem Hund einiges an Geschicklichkeit, Koordination und Geschwindigkeit abverlangt. Lassen Sie sich vor der ersten Trainingseinheit daher am besten von Ihrem Tierarzt bestätigen, dass Ihr Hund diesen Herausforderungen gewachsen ist. Nicht jede Rasse bzw. jeder Hund eignet sich für den Parcourssport. Abgesehen von der Gesundheit und Fitness Ihres Hundes müssen Sie und Ihr vierbeiniger Freund als Team perfekt aufeinander abgestimmt sein. In einer Hundeschule können Sie unter professioneller Anleitung mit dem Training beginnen.

Aber auch Katzen haben das Potenzial, Tricks zu erlernen – zumindest was ihre Lernfähigkeit betrifft. Anders als Hunde legen sie bekanntlich aber weniger Wert darauf, Ihnen als Herrchen zu gefallen. Je nach Charakter, Intelligenz und natürlich gesundheitlichem Zustand können Sie Ihrem Stubentiger aber kleine Tricks wie „Sitz“, „Platz“ oder „Pfötchen geben“ beibringen. Grundsätzlich können Sie auch mit Kleintieren wie Ratten, Kaninchen oder Meerschweinchen trainieren. Wichtig ist bei allen Tieren allerdings: Falscher Ehrgeiz auf Seiten des Halters ist hier fehl am Platz. Ideal sind mehrere kleine Übungseinheiten täglich, die Sie in entspannter Atmosphäre und ohne Druck einlegen.

199. Mit dem Älterwerden Frieden schließen

Mit dem Eintritt in den Ruhestand beginnt das Warten auf den Tod? Von wegen! Wie Udo Jürgens schon zu singen pflegte, fängt das Leben mit 66 Jahren erst so richtig an und seit das Lied 1977 erschienen ist, hat sich nochmal einiges getan. Heute altern Menschen im Allgemeinen langsamer und gesünder als frühere Generationen. Nicht umsonst heißen die Ü50-Jährigen mittlerweile „Best Ager“. Es werden eben nicht nur Wein und Lederjacken mit den Jahren besser. Ein höheres Lebensalter hat durchaus auch seine Vorteile. Neben deutlich mehr Freizeit verfügen ältere Menschen häufig über mehr Gelassenheit, Stressresistenz, Selbstvertrauen und Selbstbewusstsein. Denken Sie einmal an Ihre ersten Berufsjahre zurück. Welche großen und kleinen Dramen mussten Sie durchstehen, über die Sie heute nur noch lächeln?

Hinzu kommt, dass Sie dem Älterwerden keineswegs hilflos ausgeliefert sind. Im Gegenteil: Immerhin können Sie mit Sport, Ernährung, ausreichend sozialen Kontakten und geistigem Input dazu beitragen, lange fit zu bleiben. Auch wenn sich der Alterungsprozess auf diese Weise nicht aufhalten und der Tod nicht verhindern lässt, leben Sie deutlich besser damit, das Älterwerden zu akzeptieren, als ständig damit zu hadern. Selbstverständlich braucht es einige Zeit, um dies zu verinnerlichen. Doch wer dem Alter positiv gegenübersteht, fühlt sich deutlich jünger.

200. Eine Bucket List schreiben

Nach der Lektüre der vorangegangenen 199 Ideen ist Ihnen hoffentlich eines klar geworden: Das Leben im Ruhestand hält jede Menge Abenteuer und Erfahrungen für Sie bereit Die Ideen in diesem Buch können Sie dazu inspirieren, diesen Lebensabschnitt in vollen Zügen auszukosten und zu genießen. Und das nicht nur, weil Sie womöglich an der ein oder anderen Idee Gefallen gefunden haben. Denn wenn Sie einmal damit begonnen haben, Ihre Komfortzone zu verlassen und Neues kennenzulernen, kann es passieren, dass Sie auch selbst auf neue Ideen kommen und an jeder Ecke spannende Dinge entdecken, die Sie gerne einmal ausprobieren möchten. Oder es kommen Ihnen Orte in den Sinn, an die Sie unbedingt noch reisen möchten. Vielleicht haben Sie beim Lesen dieses Buches auch andere Ideen gehabt, was Sie schon immer einmal machen wollten.

Perfekt! Schreiben Sie all Ihre Ideen für die Zeit im Ruhestand auf eine Liste – auf eine sogenannte Bucket List. Eine Bucket List (der deutsche Begriff ist *Löffelliste*) ist eine Liste aller Dinge, Erfahrungen und Erlebnisse, die man bis zu seinem Tod erleben oder erreichen will. Das mag im ersten Moment vielleicht etwas makaber klingen, zielt aber auf das genaue Gegenteil ab. Und zwar die eigenen Wünsche nicht in Vergessenheit geraten zu lassen und die Zeit bis zum Ende des Lebens möglichst so zu gestalten, wie man möchte, um irgendwann mit einem guten Gefühl gehen zu können. Auf einer Bucket

List stehen also all die großen und kleinen Dinge, die Sie immer schon mal machen wollten oder die Sie in Ihrem Leben erreichen möchten. Dies kann eine Reise nach Madeira sein, der Wunsch Arabisch zu lernen oder der langgehegte Wunsch das weltberühmte Mariinsky-Ballett einmal live zu sehen.

Die eigenen Wünsche, Ziele und Träume auf einer Bucket List festzuhalten, hat einige wichtige Vorteile. Die Liste führt Ihnen vor Augen, dass das Leben endlich ist und richtet Ihren Fokus ins Hier und Jetzt. Wenn Sie Ihre Träume immer weiter in die Zukunft verschieben, kann es irgendwann zu spät sein, sie zu realisieren. Machen Sie daher das Beste aus dem gegenwärtigen Moment. Jeder Tag ist wertvoll und verdient es, dass Sie ihn mit Leben füllen: Ob das bedeutet, dass Sie Abenteuer erleben, etwas Neues zum ersten Mal machen oder einem langfristigen Ziel ein kleines Stück näher kommen – Sie entscheiden Eine Bucket List ist auch eine gute Gelegenheit, um sich überhaupt einmal intensiv mit den eigenen Träumen auseinanderzusetzen und sich ihrer (wieder) bewusst zu werden.

Das Aufschreiben von Zielen hilft auch dabei, diese wirklich zu erreichen. In einer Studie der Dominican University of California aus dem Jahr 2015 wurden 267 Probanden zwischen 23 und 72 Jahren gebeten, sich berufliche Ziele zu überlegen, die sie in den nächsten vier Wochen erreichen möchten.[19] Die Probanden wurden in fünf Gruppen eingeteilt:

Gruppe 1 formulierte und priorisierte die Ziele mündlich.

Gruppe 2 hat die Ziele schriftlich notiert und priorisiert.

Gruppe 3 hat zu den schriftlich notierten Zielen Maßnahmen dazugeschrieben, die für die Zielerreichung notwendig sind.

Gruppe 4 hat nicht nur die Ziele schriftlich fixiert und Maßnahmen notiert, sondern auch einem Freund davon erzählt.

Gruppe 5 hat neben all den zuvor genannten Punkten einem Freund einen wöchentlichen Fortschrittsbericht gesendet.

19 Gardner, Sarah; Albee, Dave (2015): „Study focuses on strategies for achieving goals, resolutions".

Vielleicht können Sie sich schon denken, wie das Ergebnis der Studie ausfiel: Von Gruppe 1 erreichten nur 43 Prozent der Probanden ihre Ziele, während dies bei den Versuchspersonen von Gruppe 5 bereits 76 Prozent waren. Ein beeindruckendes Ergebnis, das zeigt: Ziele aufzuschreiben hilft dabei, sie auch zu erreichen. Das geschriebene Wort schafft mehr Verbindlichkeit und dient nebenbei als freundliche Erinnerung.

Falls Sie zweifeln, ob Sie für solch eine Liste bereits zu alt sind, schieben Sie diesen Gedanken bitte ganz schnell weg. Denn es ist nie zu spät, um seinem Leben eine neue Richtung zu geben, und schon gar nicht, um die eigenen Lebensträume zu erfüllen. Vielleicht kennen Sie den Film „Das Beste kommt zum Schluss". Wenn nicht, dann schauen Sie ihn sich unbedingt einmal an. In dem Film besinnen sich zwei krebskranke Männer im gemeinsamen Krankenzimmer auf die Bucket List des einen Protagonisten zurück. Sie ergänzen diese und nehmen sich vor, die Liste gemeinsam in der ihnen noch zur Verfügung stehenden Zeit Schritt für Schritt umzusetzen. Praktischerweise ist einer der beiden Protagonisten Milliardär, weshalb Geld keine Rolle spielt (und der Film leider auch etwas unrealistisch ist): Gemeinsam erleben sie einen Fallschirmsprung, reisen nach Ägypten zu den Pyramiden und fahren mit einem Rennwagen. Sozusagen Eine Bucket List für ein ganzes Leben im Schnelldurchlauf. Der Film zeigt aber, dass es nie zu spät ist, um seine Wünsche und Träume umzusetzen. Im Gegensatz zu den beiden Protagonisten haben Sie vermutlich sehr viel weniger Geld zu Verfügung und können nicht ständig um die Welt jetten. Wenn Sie gesund sind, haben Sie jedoch deutlich mehr Zeit als die beiden krebskranken Männer.

Tipp: Eine Bucket List ist zwar nach vorne gerichtet, es kann aber sehr sinnvoll sein, eine „Reverse Bucket List", das heißt, eine umgekehrte Bucket List, zu erstellen, auf der alle Träume stehen, die Sie sich schon erfüllt haben. Vor allem, wenn Sie der Gedanke betrübt, wie viele Dinge Sie noch machen möchten und Sie sich vielleicht fragen, wieso Sie diese nicht schon in den vergangenen Jahrzehnten umgesetzt haben. Vermutlich ist es so, dass Sie in Ihrem Leben schon sehr viel erreicht und erlebt haben, was Sie wahrscheinlich auch auf Ihre Bucket List geschrieben hätten, wenn Sie diese in jüngeren

Jahren verfasst hätten. Lassen Sie sich versichern: Viele der Punkte, die Sie für sich bereits abhaken konnten, stehen auf den Wunschlisten unzähliger anderer Menschen.

Aber genug der Theorie. Um Ihre Bucket List zu schrieben, machen Sie es sich am besten gemütlich. Bereiten Sie eine Kanne Ihres Lieblingstees vor oder holen Sie Ihren Lieblingswein aus dem Keller. Es ist nicht schlimm, wenn Ihre Liste nicht sofort vollständig ist. Eine Bucket List ist ein dynamisches Dokument.

Folgende Fragen könnten Ihnen helfen:

- Was würden Sie tun, wenn Geld keine Rolle spielen würde?
- An welche Orte möchten Sie unbedingt reisen?
- Welche Erlebnisse sind Ihnen besonders in Erinnerung geblieben?
- Welche Werte vertreten Sie? Was ist Ihnen wichtig? In welchem Bereich möchten Sie ehrenamtlich aktiv werden?
- Was wollten Sie schon immer einmal ausprobieren?
- In welchen Situationen fühlen Sie sich so richtig lebendig?
- Was haben Sie sich schon seit Ewigkeiten vorgenommen?
- Was würden Sie tun, wenn Sie nur noch ein Jahr zu leben hätten?
- Welche Wünsche hatten Sie als Kind?
- Was wollen Sie der Nachwelt hinterlassen?
- Welche Fähigkeiten wollen Sie erlernen?
- Wie wollen Sie die Beziehung zu Ihrem Partner, zu Freunden, Familien, Kollegen und Fremden gestalten?

Wenn Sie sich von der Menge an Ideen erschlagen fühlen, kann es auch helfen, Ihre Bucket List in Kategorien wie Sport, Reisen, Kreativität, Ehrenamt etc. einzuteilen.

Natürlich ist es erlaubt, sich inspirieren zu lassen. Neben diesem Buch könnten Sie beispielsweise das Programm der örtlichen VHS studieren, in Reisekatalogen schmökern, sich mit Freunden austauschen oder sich die Angebote von Erlebnisanbietern wie etwa „Jochen Schweitzer“ und „mydays“ anschauen. Wichtig ist nur, dass Sie Ihre Ziele möglichst konkret benennen.

Ziele wie beispielsweise „die Welt bereisen“ oder „mehr Sport machen“ sind viel zu unpräzise. Lassen Sie auch keine Ziele weg, von denen Sie glauben, dass Sie diese ohnehin nicht erreichen können oder für die Sie schon viel zu alt sind. Es geht um Ihre Träume. Da dürfen Sie ruhig groß denken. Was heute noch unmöglich erscheinen mag, ist in ein paar Jahren vielleicht zum Greifen nah. Auch Gedanken wie: „Was werden die anderen denken?“ oder „das wird doch sowieso nichts!“ sind kontraproduktiv. Dinge, die auf Ihrer Bucket List ebenfalls nichts zu suchen haben, sind lästige Haushaltspflichten wie „das Gartenhaus aufräumen“, „den Dachboden entrümpeln“ oder „den Zaun im Vorgarten streichen“. Denn all dies sind mit Sicherheit keine Lebensträume. Punkte auf Ihrer Bucket List können auch kleine Dinge sein wie beispielsweise Erdbeeren auf einem Feld zu pflücken oder endlich zu lernen, mit Stäbchen zu essen. Auch kleine Wünsche umzusetzen ist insofern sinnvoll, da Sie mit großer Wahrscheinlichkeit nicht ständig ein kostspieliges Abenteuer nach dem nächsten erleben können wie die Milliardäre im Film. Die vermeintlich kleinen Dinge sind auch Erfolge und motivieren Sie dazu, weiterzumachen. Ein Häkchen ist schließlich ein Häkchen. Und Schritt für Schritt sind dann auch Ihre großen Träume dran.

Bucket-List-Vorlage zum Ausfüllen:

Meine Bucket List

1.
2.
3.
4.
5.
6.
7.
8.
9.
10.
11.
12.
13.
14.
15.

Weiterführende Quellen und Ansprechpartner

Im Folgenden finden Sie Ansprechpartner und weiterführende Quellen, die Ihnen helfen, Ihren Ruhestand aktiv zu gestalten.

Literatur

Aeschbach, Silvia **(2017):** *„Älterwerden für Anfänger"* (Wörterseh Verlag).

Aeschbach, Silvia **(2016):** *„Älterwerden für Anfängerinnen"* (Wörterseh Verlag).

Dahlke, Rüdiger **(2018):** *„Das Alter als Geschenk"* (Arkana).

Langenscheidt, Florian; Schulz, André **(2020):** *„Alt genug, um glücklich zu sein: Wie unser Leben mit jedem Jahr besser wird"* (Heyne Verlag).

Oswald, Susanne **(2016):** *„Das Glück der späten Jahre: Inspirierende Texte über das Älterwerden von Sven Kuntze, Wilhelm Schmid, Joachim Fuchsberger und vielen anderen mehr"* (mvg Verlag).

Reinwarth, Alexandra **(2018):** *„Das Leben ist zu kurz für später: Stell dir vor, du hast nur noch ein Jahr–ein Selbstversuch, der dein Leben verbessern wird"* (mvg Verlag).

Seidensticker, Iris **(2018):** *„Zeit für Neues: Wie Sie herausfinden, was Sie im Ruhestand machen möchten"* (dtv Verlagsgesellschaft).

Silver, Greta **(2019):** *„Alt genug, um mich jung zu fühlen"* (Rowohlt).

Ware, Bronnie **(2013):** *„5 Dinge, die Sterbende am meisten bereuen: Einsichten, die Ihr Leben verändern"* (Arkana).

Westermann, Christine **(2015):** *„Da geht noch was: Mit 65 in die Kurve"* (KiWi-Taschenbuch).

Internetseiten

- https://besserlaengerleben.de/
- https://www.senioren-ratgeber.de/
- https://www.seniorenreisen.info/
- https://www.59plus.de/
- https://www.aktive-rentner.de/
- https://vorunruhestand.de/
- https://www.senioren-leben.com/
- https://www.seniorenportal.de/
- https://www.walkingonclouds.tv
- https://www.aktive-rentner.de/
- https://senioren-online.info/
- https://www.seniorenportal.de/community/
- https://www.rentner-news.de/
- https://www.feierabend.de/
- https://altersdiskriminierung.de/

Vereine und Organisationen

- https://www.stellenwerk-ehrenamt.de/
- Bundesarbeitsgemeinschaft der Senioren: https://www.bagso.de/
- Überblick über die Formen freiwilligen Engagements von älteren Menschen: https://www.senioren-initiativen.de/

Printed in Poland
by Amazon Fulfillment
Poland Sp. z o.o., Wrocław

90303327R00103